उत्तर प्रदेश का स्वतंत्रता संग्राम

गौतम बुद्ध नगर

संरक्षण

योगी आदित्यनाथ

माननीय मुख्यमंत्री, उत्तर प्रदेश

मार्गदर्शन

श्री जयवीर सिंह

माननीय मंत्री, संस्कृति एवं पर्यटन विभाग, उत्तर प्रदेश

निर्देशन

श्री मुकेश कुमार मेश्राम

प्रमुख सचिव, संस्कृति एवं पर्यटन विभाग, उत्तर प्रदेश

अध्यक्ष-संस्थान

श्री शिशिर

निदेशक, संस्कृति निदेशालय, उत्तर प्रदेश

उपाध्यक्ष-संस्थान

राज्य स्तरीय परामर्श समिति

श्री मुकेश कुमार मेश्राम

प्रमुख सचिव, संस्कृति विभाग, उत्तर प्रदेश शासन—अध्यक्ष

श्री शिशिर

निदेशक, संस्कृति निदेशालय, उत्तर प्रदेश—सदस्य

श्री आनन्द कुमार

विशेष सचिव, संस्कृति विभाग, उत्तर प्रदेश शासन—सदस्य

प्रो. आर.के.पी. सिंह

कुलपति, डॉ. शकुंतला मिश्रा राष्ट्रीय पुनर्वास वि.वि., लखनऊ—सदस्य

प्रो. आलोक कुमार राय

कुलपति, लखनऊ वि.वि., लखनऊ—सदस्य

डॉ. आनन्द कुमार सिंह

निदेशक, उत्तर प्रदेश संग्रहालय निदेशालय, लखनऊ—सदस्य

प्रो. सूर्य प्रसाद दीक्षित

पूर्व अध्यक्ष, हिंदी विभाग, लखनऊ विश्वविद्यालय—सदस्य

डॉ. विद्याबिंदु सिंह

वरिष्ठ साहित्यकार, लखनऊ—सदस्य

प्रो. डी.पी. तिवारी

पूर्व अध्यक्ष, प्राचीन भारतीय इतिहास विभाग, लखनऊ विश्वविद्यालय—सदस्य

डॉ. रवि भट्ट

इतिहासवेत्ता, लखनऊ—सदस्य

डॉ. लवकुश द्विवेदी

निदेशक, अयोध्या शोध संस्थान, संस्कृति विभाग, उत्तर प्रदेश—सदस्य/सचिव

उत्तर प्रदेश में स्वतंत्रता संग्राम

गौतम बुद्ध नगर

देव प्रकाश चौधरी

कार्यकारी संपादक

डॉ. लवकुश द्विवेदी

राजकमल प्रकाशन

ESTD.-1986

अयोध्या शोध संस्थान के सहयोग से

ISBN : 978-93-94902-51-0

मूल्य : ₹500

पहला संस्करण : 2023

प्रकाशक : राजकमल प्रकाशन प्रा. लि.
1-बी, नेताजी सुभाष मार्ग, दरियागंज
नई दिल्ली-110 002

शाखाएँ : अशोक राजपथ, साइंस कॉलेज के सामने, पटना-800 006
पहली मंजिल, दरबारी बिल्डिंग, महात्मा गांधी मार्ग, प्रयागराज-211 001

वेबसाइट : www.rajkamalprakashan.com
ई-मेल : info@rajkamalprakashan.com

शब्द संयोजन : राजकमल प्रकाशन प्राइवेट लिमिटेड, दिल्ली-110 002

मुद्रक : बी.के. ऑफसेट
नवीन शाहदरा, दिल्ली-110 032

Uttar Pradesh Ka Swantantrata Sangram : GAUTAM BUDDH NAGAR
by Deo Prakash Chaudhary
Executive Editor : Dr. Lavkush Dwivedi

भूमिका

बुद्ध के नगर में एक आत्ममंथन

बहुत प्राचीन कथा है। देव ब्रह्मा ने सृष्टि रची तो सारी चीजें बनाईं। उन्होंने यथार्थ और स्वप्न भी बनाया। लेकिन बनते ही दोनों के बीच झगड़ा शुरू हो गया। यथार्थ और स्वप्न का झगड़ा! यथार्थ कहे, मैं श्रेष्ठ हूँ। स्वप्न जिद पर अड़ा रहे कि मैं श्रेष्ठ हूँ। दोनों का झगड़ा सृष्टिकर्ता ब्रह्मा तक पहुँचा। दोनों झगड़ते हुए भगवान ब्रह्मा के पास पहुँचे। सुनकर वह हँसे और कहा, "खुद को श्रेष्ठ साबित करने के लिए दोनों को परीक्षा देनी होगी। तुममें से जो भी जमीन पर पैर गड़ाए रहे और आकाश को छूने में समर्थ हो जाए, वही श्रेष्ठ है।" दोनों ने जोर लगाया। स्वप्न ने तो तत्क्षण आकाश छू लिया, लेकिन पैर उसके जमीन तक न पहुँच सके। लटक गया आकाश में। हाथ तो लग गए आकाश से, लेकिन पैर जमीन से न लगे। स्वप्न के पैर होते ही नहीं। उधर यथार्थ जमीन में पैर गड़ाकर खड़ा हो गया, लेकिन आकाश तक उसके हाथ न पहुँचे। ब्रह्मा ने कहा, "समझे कुछ? स्वप्न अकेला आकाश में अटक जाता है, यथार्थ अकेला जमीन पर भटक जाता है। स्वप्न और यथार्थ का जब तक मेल न हो जाए, जिंदगी अधूरी रह जाती है।"

इसी अधूरी जिंदगी को पूरा करने आए थे महात्मा गौतम बुद्ध। उन्होंने कहा, "आकाश को छुओ तो यथार्थ के आधार पर छुओ।" महात्मा बुद्ध ने यथार्थ को तो जरा भी नहीं भुलाया, यथार्थ में बुनियाद रखी। बुनियाद और शिखर की एक नई परिभाषा लेकर आए थे बुद्ध। इसलिए जब उत्तर प्रदेश के बुलंदशहर एवं गाजियाबाद जिलों के कुछ ग्रामीण और अर्द्धशहरी क्षेत्रों को काटकर एक ऐसे जिले की स्थापना का विचार आया, जो अपनी मजबूत बुनियाद के साथ शिखर तक पहुँचे तो सहमति बनी कि नए जिले का नाम गौतम बुद्ध नगर होगा।

9 जून, 1997 को गौतम बुद्ध नगर एक नए जिले के रूप में अंकित हुआ। उत्तर प्रदेश राज्य का नक्शा बदल गया। लेकिन क्या मानचित्र बदल जाने से मनुष्य की मानसिकता, उसके स्वप्न और आकांक्षाएँ भी बदल जाती हैं। क्या उन प्रश्नों के उत्तर बदल जाते हैं, जो कई सौ साल के संघर्ष, हक और स्वाभिमान की लड़ाई तथा आजादी की चाह में पैदा हुए थे। 15 अगस्त, 1947 को देश को अंग्रेजों की गुलामी से आजादी मिली तो देश के अन्य हिस्सों में रहनेवाले भारतीयों की तरह इस इलाके के हजारों लोगों को भी गुलामी से मुक्ति मिली। फिर जब अपनी आजादी को बचाने और देश को नए सिरे से बनाने का संघर्ष शुरू हुआ तो इस भू-भाग में रह रहे हजारों नागरिकों ने भी अपनी जिम्मेदारी को महसूस किया, त्याग किया और खुद को बलिदान किया। इसलिए इस जिले की उम्र भले ही मात्र 25 साल हो, देश हित में इसके योगदान को किसी भी रूप में कमतर नहीं आँका जा सकता। भूगोल के बदलने से आत्मा का ताप कम नहीं हो जाता है।

यह सुखद संयोग है और मेरा सौभाग्य भी कि देश की आजादी के 75वें साल में देश की आजादी की लड़ाई, हजारों लोगों के बलिदान, बीसवीं सदी के शुरुआती कालों की उथल-पुथल के सबसे रोमांचकारी एवं अविस्मरणीय दशकों की प्रमुख घटनाओं तथा महान स्वतंत्रता सेनानियों को 'भारतीय आत्मा' के रूप में फिर से याद करने और उन्हें स्मृतियों से शब्दों में लाने का जो गौरवपूर्ण प्रयास किया जा रहा है, उसमें मुझे गौतम बुद्ध नगर को आत्मीय ढंग से याद करने का मौका मिला है।

एक जिले के लिए यह आत्ममंथन की घड़ी है। एक लेखक के लिए यह अस्मिता और संस्कृति को एक ऐसे कोण से देखने का मौका है, जहाँ न भ्रम हो और न ही भुलावे के लिए अवसर। आज जब हम चारों ओर नजरें दौड़ाते हैं तो एक अजीब विडंबना से साक्षात्कार होता है। हम सब एक ऐसी विदेशी सभ्यता के लिए जिम्मेदारी महसूस करते रहते हैं, जिसने आजादी से पहले के लगभग दो सौ वर्षों में हमारी संस्कृति की लय बुरी तरह विकृत कर दी थी। जब अंग्रेजी शासन के रूप में इतिहास हमारी जीवन-धारा में हस्तक्षेप करता है तो एक अजीब-सी बेचैनी होती है, क्योंकि उस इतिहास में अतीत और वर्तमान अलग-अलग चीजें मिलती हैं, जबकि हमारे लिए अतीत हमेशा अपने साथ होता था और उसे बिना किसी अतिरिक्त श्रम से हम अपने

वर्तमान से जोड़े रहते थे। सच पूछें तो अतीत से हमारा वर्तमान ऊर्जा लेता था। अंग्रेज विद्वानों ने हमारे शास्त्रों और पुराणों का विश्लेषण किया तो हम शायद अतिरिक्त चौकन्ने होकर ऐसी परंपरा के प्रति सजग हुए, जिसे आज तक हम बिना परिभाषित किए सहज भाव से अपने जीवन में अपनाते रहे थे। शास्त्रों और पुराणों में हमारी जिंदगी थी। इस तरह के इतिहास के दखल होने से पहले, इस तरह की सामाजिक व्याख्या से पहले भी हमारा अपनी संस्कृति के साथ एक सहज और स्पष्ट लगाव था। वह परिभाषित नहीं था, उसे परिभाषित होने की जरूरत भी नहीं थी, क्योंकि वह हमारी धड़कनों में था। एक भारतीय कभी अपनी संस्कृति को बाहर से नहीं देखता। संस्कृति तो उसके अंदर बसी होती है। अतिरिक्त सजगता तभी उत्पन्न होती है, जब मनुष्य का अपने अतीत और परंपरा से अलगाव हो जाता है। एक भारतीय की परंपरा कहीं बाहर नहीं, उसके भीतर रहती है, इसलिए सजग रूप से उससे स्वयं को जोड़ने का प्रश्न ही उत्पन्न नहीं होता। इसलिए गौतम बुद्ध नगर की परंपरा, संस्कृति, स्वाभिमान, सभ्यता और आजादी पर बातें करते हुए मैंने हमेशा इस बात का ख्याल रखा है कि मैं अपने परिवेश को लिखूँ, एक भारतीय की तरह लिखूँ, ताकि पाठक पढ़े तो एक सहज लगाव, एक सहज भारतीय बोध स्वाभाविक रूप से महसूस करता रहे।

किसी जिले की संपूर्ण कहानी का सत्य किसी व्यक्ति के जीवन अनुभवों से हमेशा ऊपर होता है, लेकिन मुझे इतना जरूर विश्वास है कि गौतम बुद्ध नगर के इस स्वाभिमान भरे इतिहास को पढ़ते हुए आपको गर्व का अनुभव होगा। समय की धारा में ठहरे हुए संकेत और सूत्र आपको यहाँ के लोगों के स्वाभिमान की एक नई कहानी बताएँगे।

मैंने इस सृजनकर्म में एक अनिवार्य जोखिम भी लिया है, इस उम्मीद के साथ कि पाठक हमेशा लेखक की गलतियों को माफ करता है।

—देव प्रकाश चौधरी

क्रम

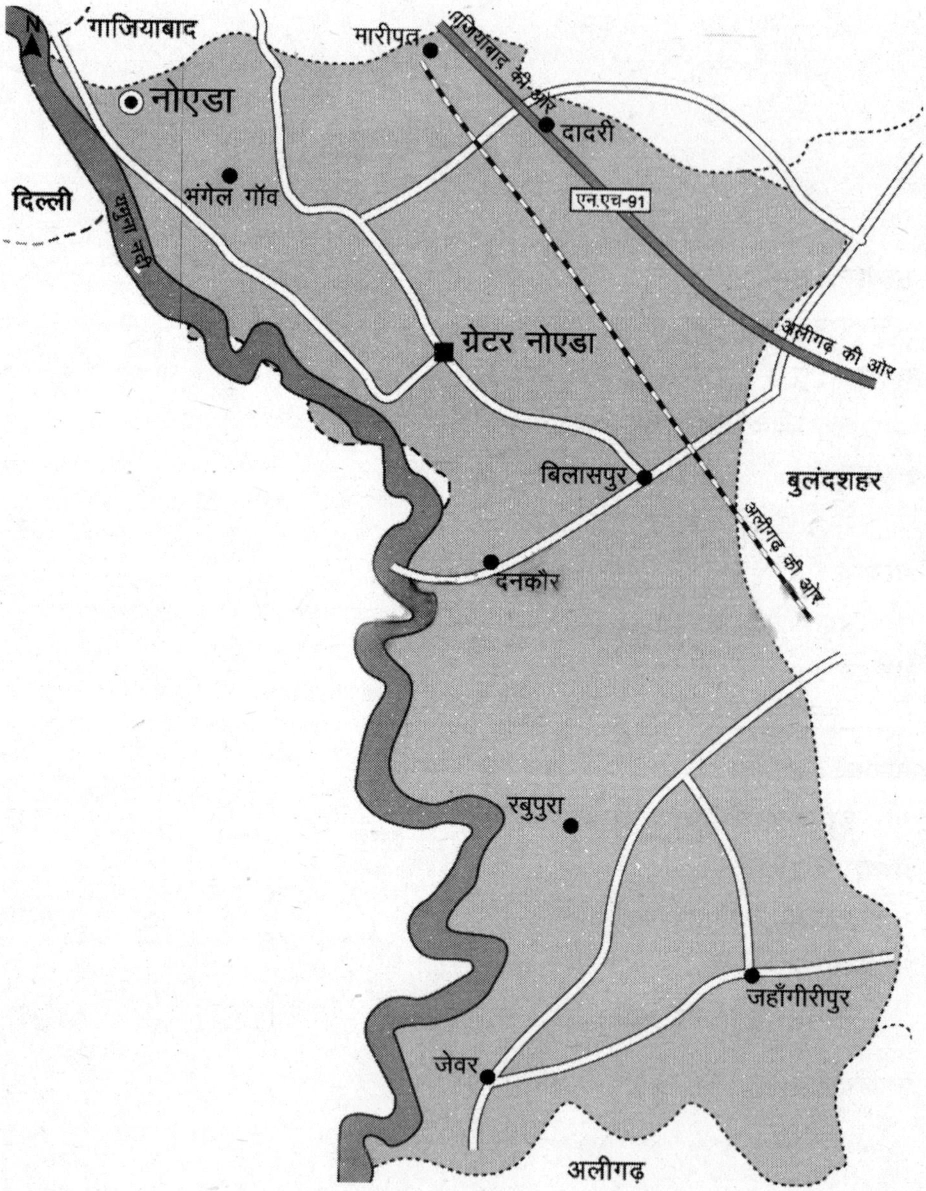

N
गाजियाबाद
नोएडा
दिल्ली
भंगेल गाँव
मारीपत
दादरी
एन.एच-91
अलीगढ़ की ओर
ग्रेटर नोएडा
बिलासपुर
बुलंदशहर
अलीगढ़ की ओर
दनकौर
रबुपुरा
जहाँगीरपुर
जेवर
अलीगढ़

अध्याय : 1

परंपरा के स्वराज में एक जिला

रावण के घर से श्रीराम की कथा! मिट्टी से भरा एक कलश रावण के घर बिसरख से भगवान श्रीराम के घर अयोध्या पहुँचा तो मिथक, जनआस्था, इतिहास और संस्कृति की एक नई कहानी गौतम बुद्ध नगर जिले के हिस्से में आई। प्रशासनिक व्यवस्था के ढाँचे के तहत एक जिले के रूप में भले ही गौतम बुद्ध नगर की उम्र बहुत ज्यादा न हो, नाम भले ही नया-सा हो, लेकिन इस भूखंड में बसी आबादी का अतीत बेहद समृद्ध है। रामायण काल हो, महाभारत काल हो, देश के लिए आजादी की लड़ाई का काल हो या फिर देश को बनाने और बचाने के लिए त्याग का समय, गौतम बुद्ध नगर के पास कहने को और पूरे देश के लिए सुनने को ढेर सारी बातें हैं, जिसमें मिथक, आस्था और इतिहास इस कदर गुँथे हुए मिलते हैं कि लगता है, मानो अतीत, वर्तमान के साथ संवाद करता हुआ, लोक और पूरे परिवेश को अभिमंत्रित कर रहा हो। लगभग दो साल पहले 5 अगस्त, 2020 को अयोध्या में श्रीराम मंदिर निर्माण के लिए भूमि पूजन को लेकर पूरे देश में उल्लास का माहौल बना हुआ था। झूम रही थी अयोध्या और इधर खुश हो रहा था बिसरख। मान्यता है कि उत्तर प्रदेश के गौतम बुद्ध नगर जिले में स्थित बिसरख गाँव में ऋषि विश्रवा और राक्षस कन्या कैकसी के पुत्र रावण का जन्म हुआ था। लंकापति रावण की पूजा करनेवाले बिसरख गाँव के लोगों ने अयोध्या में श्रीराम जन्म भूमि मंदिर निर्माण के लिए न सिर्फ अपने यहाँ की मिट्टी भेजी, बल्कि पूरे देश के करोड़ों लोगों की तरह भूमि पूजन के दिन भगवान श्रीराम के नाम का जप भी किया था।

लंकापति रावण के जन्म स्थान से भगवान श्रीराम के मंदिर निर्माण के लिए मिट्टी का जाना क्या सिर्फ आस्था की एक कहानी भर है या फिर इतिहास का एक नया अध्याय?

भगवान श्रीराम की कहानी में दिलचस्पी रखनेवाले जानते हैं कि जब भगवान राम को लंका पर विजय के लिए सेतु निर्माण के बाद रामेश्वरम में शिवलिंग की स्थापना करनी

थी तो उन्होंने यज्ञ करने का संकल्प लिया। इसके लिए उन्होंने जामवंत जी से कहा कि आस-पास से कोई पुरोहित, पुजारी या फिर कोई आचार्य ढूँढ़कर लाइए, जो इस यज्ञ को संपन्न करवा सके। उन्होंने यह भी कहा था कि आचार्य ऐसा होना चाहिए, जो शैव और वैष्णव, दोनों परंपराओं का ज्ञाता हो। इस पर जामवंत जी ने कहा कि ऐसा तो केवल एक ही व्यक्ति है, लेकिन वह हमारा शत्रु है। पुलत्स्य मुनि का नाती है, वैष्णव है, शिव भक्त है और दोनों परंपराओं को जानता है। राम ने कहा, "ठीक है! आप बात करें और यज्ञ का निमंत्रण दें।" श्रीराम की आज्ञा पाकर जामवंत जी लंका पहुँचे। रावण ने जामवंत जी को दंडवत प्रणाम करते हुए उन्हें बैठने का आसन दिया और फिर उनसे लंका आने का आशय पूछा। जामवंत जी ने बताया, "मेरे यजमान को अपने विशेष कार्यसिद्धि के लिए यज्ञ करना है और उसके लिए आपको पुरोहित के तौर पर आमंत्रण देने आया हूँ।" रावण ने पूछा, "आपके यजमान कौन हैं?" जामवंत जी ने कहा, "वह अयोध्या के राजकुमार और महाराज दशरथ के पुत्र श्रीराम हैं और अपने एक बड़े काम के लिए शिव का विग्रह यानी शिवलिंग स्थापित करना चाहते हैं। इसके लिए उन्हें एक यज्ञ करना है।" रावण ने पूछा था कि क्या यह बड़ा काम लंका विजय तो नहीं है? जामवंत जी ने कहा था कि हाँ, यही काम है। रावण ने निमंत्रण स्वीकार करते हुए यज्ञ में आने की हामी भर दी। उस यज्ञ को संपन्न कराने के लिए रावण, देवी सीता को भी अपने साथ लेकर गया था। यज्ञ के बाद लंका जीत की कथा तो सबको मालूम है, लेकिन लंकापति रावण को पूजनेवाले बिसरख गाँव ने श्रीराम मंदिर के भूमि पूजन के लिए मिट्टी भेजकर जिस उदारता का परिचय दिया, उसे देखकर तो ऐसा ही लगता है कि वक्त की चाल में इतिहास स्वयं को दुहराता है और आस्था खुद की परीक्षा लेती है।

गौतम बुद्ध नगर जिले के बिसरख गाँव के पास अपने अतीत को लेकर ढेर सारी कहानियाँ हैं तो वर्तमान पर भी गर्व करने के बहाने हैं। वैसे गर्व की यह कहानी सिर्फ बिसरख के पास ही क्यों? इसी जिले के दनकौर के पास महाभारत काल के ढेर सारे किस्से हैं। महाभारत काल के महान धनुर्धर एकलव्य की साधना और गुरु द्रोणाचार्य की गुरु दक्षिणा का ठौर है दनकौर। गौतम बुद्ध नगर जिले के इस कस्बे में एकलव्य द्वारा अपने हाथों से बनाई गई द्रोणाचार्य की दुर्लभ मूरत के दर्शन अब भी हो सकते हैं। दनकौर को द्रोणाचार्य की नगरी मानते हैं लोग। कथा कुछ इस प्रकार है कि जब गुरु द्रोणाचार्य ने एकलव्य को धनुर्विद्या सिखाने से मना कर दिया तो वह उनकी मूरत बनाकर अभ्यास करने लगे। एक दिन गुरु द्रोण अपने राज शिष्यों के साथ जंगल गए तो वहाँ एकलव्य की महान वीरता से उनका सामना हुआ। मान्यता है कि द्रोण ने इसी स्थान पर एकलव्य

से उनके दाहिने हाथ का अँगूठा गुरु दक्षिणा में माँगा था, जिसे उन्होंने सहर्ष ही काटकर अपने गुरु को दे दिया।

प्राचीन द्रोणाचार्य मंदिर के पास द्रोण कुंड है। द्रोण कुंड के बारे में प्रचलित है कि उसमें कितना भी पानी भर दिया जाए, तीसरे दिन कुंड खाली हो जाता है। किंवदंती है कि पहले यह कुंड भरा रहता था। दुर्वासा ऋषि यहाँ आए। उन्होंने कुंड में स्नान किया। कुंड में उनका कमंडल बह गया। उन्होंने श्राप दिया कि कुंड खाली रहेगा। तब से कुंड में पानी नहीं रहता। अपनी परंपरा में ऋषि के श्राप को भी सहर्ष स्वीकार करने का चलन रहा है। द्रोण कुंड को भी लोगों ने उसी श्रद्धा भाव से अपने दिल में जगह दे रखी है।

आस्था, स्वाभिमान और संस्कार की ढेर सारी कथाएँ हैं गौतम बुद्ध नगर के पास। अगर इसकी शास्त्रीय ढंग से व्याख्या की जाए तो इसे मूल रूप से तीन भागों में बाँटकर हम देख सकते हैं—सबसे पहले सृष्टि संबंधी मिथक और बाद में, बहुत बाद में पौराणिक परंपरा और फिर लोगों का वह पारिवारिक इतिहास, जिसमें जीविका के संघर्ष के साथ-साथ आजादी की लड़ाई और स्वाभिमान की भावनाएँ भी दिखती हैं।

पुराने समय में, कह लीजिए उन्नीसवीं शताब्दी के उत्तरार्ध या बीसवीं शताब्दी के पूर्वार्द्ध में हमारी मिथकीय सामग्री, जिसमें हमारे संस्कार की दर्जनों कहानियाँ छुपी हुई थीं, ज्यादातर बाहर के लोगों द्वारा संगृहीत हुईं। उन कहानियों को बाहर के लोगों ने अपनी तरह से देखा। स्थानीय लोगों की मदद ली भी गई तो सिर्फ अपने संग्रह को सुगम बनाने के लिए। अब जब हम भारतीय मिथकों, परंपराओं और पौराणिक आख्यानों का वर्तमान में खुद विश्लेषण करते हैं तो पाते हैं कि पौराणिक परंपराओं का एक बड़ा सार्थक उपयोग हम अपनी राजनीतिक चेतनाओं के विस्तार में सकारात्मक ढंग से कर सकते हैं। हम अपने हक को वैधता प्रदान कर सकते हैं। हमें इस बात की भी जानकारी होनी चाहिए कि क्या बाहरी लोगों द्वारा संगृहीत परंपराओं, पौराणिक मान्यताओं और मिथकों का जो संग्रह हमारे समाज से बाहर के लोगों ने किया और फिर उसे प्रकाशित व प्रसारित किया, क्या वह हमारी मान्यताओं को उथला करता है? पश्चिम के ढेर सारे देश इस मायने में भाग्यशाली हैं कि उनके हर इलाके के मिथक-शास्त्र और पौराणिक परंपराओं का संकलन एवं प्रकाशन स्वयं स्थानीय लोगों ने किया और उसे वर्तमान के परिप्रेक्ष्य में रखकर उन लोगों ने उसकी व्याख्या भी की, जिससे आनेवाले कल के लिए ऊर्जा बटोरी जा सके। यहाँ एक सवाल भी महत्त्वपूर्ण है कि आखिर मिथक-शास्त्र की सीमा कहाँ खत्म होती है और इतिहास कहाँ से आरंभ होता है?

लेकिन अगर हम लोक की बात करें तो लोक अपने इतिहास को भी जानता है, मिथक को भी, पौराणिक आख्यानों को भी और उसे सामाजिक कसौटी पर परखना भी जानता है, जैसे कि 1857 की क्रांति के एक बड़े नायक राजा राव उमराव सिंह गुर्जर की वीरता के किस्से, जिनके नाम से अंग्रेज अफसर थर्राते थे। कहते हैं, 7 दिन तक उमराव सिंह की क्रांतिकारी सेना, अंग्रेज सेना से टक्कर लेती रही। अंत में सशस्त्र सेना के सामने क्रांतिकारी वीरों को हथियार डालने पड़े। 46 लोगों को बंदी बनाया गया। उमराव सिंह गुर्जर बच निकले। इस क्रांतिकारी सेना में गुर्जर समुदाय की मुख्य भूमिका होने के कारण उन्हें ब्रिटिश सत्ता का कोपभाजन बनना पड़ा। उमराव सिंह गुर्जर अपने दल के साथ 21 मई को बुलंदशहर पहुँचे और जिला कारागार पर धावा बोलकर उन्होंने अपने सभी राजबंदियों को छुड़ा लिया। उमराव सिंह की वीरता की कहानी अंतहीन है और गौतम बुद्ध नगर के पास किस्से अनगिनत। कई बार लोगों को यकीन नहीं होता कि यह भी संभव है, लेकिन लोक में कुछ भी संभव है।

सच है कि हमारे मिथक-काल में आस्था प्रमुख थी, संदेह के बीज क्षीण थे। बाद के ऐतिहासिक युग में और आगे बढ़ने की होड़ में हम इंसानों को अपने ऊपर इतनी अधिक शंका होती चली हई कि कई बार आस्था डगमगाने-सी लगी। हो सकता है, इन दो सीमांतों के बीच एक ऐसा समय या काल भी रहा हो, जब संदेह और आस्था बराबर-बराबर से बँटे थे और लोक के साथ लोग अपने भीतर मिथक-काल की आस्था और ऐतिहासिक युग की शंका एक साथ लेकर चलते रहे हों। यहाँ अंधकार और प्रकाश बराबर-बराबर खानों में बँटा रहा हो और ऐसा पूरी दुनिया में रहा हो और ऐसा ही गौतम बुद्ध नगर के अतीत में भी रहा हो। इसे समझने के लिए हम महाभारत का सहारा ले सकते हैं, जिसकी कई घटनाओं का गौतम बुद्ध नगर साक्षी भी रहा है।

महाभारत में कितने ही ऐसे मौके या प्रसंग आते हैं, जब महाभारत के मूल चरित्रों में हमें दोनों चेतनाओं का अहसास एक ही समय में होता है। कभी लगता है, अर्जुन सही हैं तो कभी लगता है, कर्ण सही हैं। कई बार तो राजा धृतराष्ट्र भी सच के करीब लगते हैं और कई बार महात्मा विदुर की बातों में भी अंधकार-सा दिखता है। लेकिन अगर आप बेहद मनोयोग से इस पर सोचेंगे तो पाएँगे कि जब कभी एक का पलड़ा भारी पड़ने लगता है और दोनों के बीच का धर्म बिगड़ने लगता है, तो स्वयं श्रीकृष्ण हस्तक्षेप करते हैं और फिर सच का उजाला फैलता है।

गौतम बुद्ध नगर के अतीत, वर्तमान और भविष्य पर बात करते हुए हमें लगता है कि कहीं आज हम उसी बिंदु पर तो नहीं पहुँच गए? मानव शास्त्री मानते हैं कि इतिहास

जहाँ भी है, आस्था की एक क्षीण-सी ज्योति तो दिखाई देती ही है और आस्था जहाँ है, वहाँ संस्कृति है।

मानव शास्त्रियों ने भारतीय संस्कृति को प्रवाहमान माना है। संस्कृति का यह प्रवाह हम और आप गौतम बुद्ध नगर में भी देख सकते हैं। यहाँ भी विभिन्न काल खंडों में ढेर सारे लोग आए। भिन्न-भिन्न विचारों के लोग आए। हमने उन्हें अपनाया, उन्होंने हमें अपनाया। हमने ज्यादा इसलिए अपनाया, क्योंकि हम अपनत्व की संस्कृति के मालिक रहे। अपनाने की संस्कृति। कंपोजिट कल्चर भारतवर्ष का एक बड़ा चेहरा रहा, लेकिन यह बात अलग है कि जिन्हें हमने अपनाया, जिस मिट्टी ने उन्हें बसाया, जहाँ साँस ली उन्होंने और जहाँ वे जीते रहे, उस जगह की, उस अपनत्व की चादर की कितनी हिफाजत की उन्होंने। सवाल बहुतों के लिए असुविधाजनक रहे और पूछे नहीं गए। लेकिन संस्कृति का एक सिद्धांत यह भी है कि जो जरूरी सवाल अनपूछे रह गए, उन्हें वक्त पूछता है। पूरे देश की तरह गौतम बुद्ध नगर के पास भी ऐसे कई असुविधाजनक सवाल हैं, जिन्हें पूछने की जरूरत बार-बार महसूस हुई है।

संस्कृति का एक बड़ा मीठा रिश्ता प्रकृति के साथ है। इस रिश्ते में अपना देश और अपनी माटी कितनी धनी है, इसे मैक्समूलर की किताब 'व्हाट इंडिया कैन टीच अस' से समझा जा सकता है। वह भारत के बारे में कहते हैं—"यदि मैं संसार में किसी ऐसे देश की खोज करूँ, जहाँ प्रकृति ने पृथ्वी के किसी हिस्से में संपत्ति, शक्ति और सुंदरता का वरदान दिया है, तो मैं बार-बार भारत की ओर ही इशारा करूँगा।"

हिंडन और यमुना

प्रकृति का यह वरदान गौतम बुद्ध नगर के पास भी है। हिंडन और यमुना नदी का साथ मिला हुआ है गौतम बुद्ध नगर को। यमुना की तरह हिंडन नदी के भी ऐतिहासिक महत्त्व हैं। काली और कृष्णा नदियों के संगम से हिंडन का रूप धारण करनेवाली यह नदी युग-युगान्तर से भारत की धरती पर प्रवाहित हो रही है। हिंडन नदी का उद्गम सहारनपुर जिले में हिमालय पर्वत की ऊपरी शिवालिक श्रेणी से होता है। उत्तर भारत के विभिन्न क्षेत्रों में बहनेवाली हिंडन नदी को 'हिंडोन' भी कहा जाता है। यह यमुना की प्रमुख सहायक नदी भी है। सहारनपुर से निकलकर उत्तर प्रदेश के विभिन्न जिलों में प्रवाहित होते हुए हिंडन नदी दिल्ली के करीब यमुना नदी में समाहित हो जाती है।

इतिहास के आईने में देखें तो हिंडन नदी का इतिहास हजारों वर्ष पुराना है। प्राचीन काल में इस नदी को हरनदी या हरनंदी के नाम से जाना जाता था। कई प्राचीन हिंदू ग्रंथों

में भी इस नदी का वर्णन मिलता है। महाभारत में बागपत के बरनावा तत्कालीन वारनावत नामक क्षेत्र का उल्लेख है। इसी जगह पर पांडवों का वध करने के लिए दुर्योधन ने लाक्षागृह का निर्माण कराया था। इस स्थान पर ही काली और कृष्णा नदियों का संगम होता है, जहाँ इस नदी को हिंडन के नाम से पुकारा जाने लगता है।

और यमुना की तो बात ही निराली है। श्रीकृष्ण की यमुना! भौगोलिक रूप से देखें तो यमुना भारत की एक प्रमुख और गंगा नदी की सबसे बड़ी सहायक नदी है, जो उत्तरकाशी से लगभग 30 किलोमीटर उत्तर, गढ़वाल में यमुनोत्री नामक जगह से निकलती है और प्रयागराज में गंगा से मिल जाती है। ब्रज की संस्कृति में यमुना का महत्त्वपूर्ण स्थान है। वस्तुतः यह ब्रज संस्कृति की सहायक, इसकी दीर्घकालीन परंपरा की प्रेरक और यहाँ की धार्मिक भावना का प्रमुख आधार रही है।

ये दोनों नदियाँ गौतम बुद्ध नगर के समाज और संस्कृति से गहरे तक जुड़ी हुई हैं, क्योंकि संस्कृति अगर सतत् सृजन कर्म है तो इस सृजन कर्म का आधार तो समाज ही होता है। वैसे अपनी परंपरा में समाज के जन्म के अनेक सिद्धांत हैं। भगवान या देवों द्वारा समाज बनाने की बात अलग है, लेकिन हम इंसानों ने जो समाज बनाया, उससे राज का विकास हुआ। इस विकास का मूल माना गया संवाद और संवाद के केंद्र में थी भाषा। भाषा ही समाज निर्माण का मुख्य उपकरण थी। हमारे पास लिखित परिणाम हैं कि वाद-विवाद और संवाद ने समाज को मजबूत बनाया है। भारतीय परंपरा के ऋग्वैदिक काल में सभा समितियाँ थीं। सभा में बोलनेवाले सभेय और सभ्य माने जाते थे। फिर धीरे-धीरे जिंदगी के तौर-तरीके बदलते चले गए। उत्पादन प्रणाली में परिवर्तन आया। कृषि व्यवस्था आई। व्यापार बढ़ा। उद्योग आए। सांस्कृतिक रिश्तों के साथ आर्थिक रिश्तों का विकास हुआ। संस्कृति, सभ्यता, उद्योग, व्यापार और ज्ञान-विज्ञान के ढेर सारे उतार-चढ़ावों को गौतम बुद्ध नगर जिले ने भी देखा है।

मनुष्य की तरह ही हरेक गाँव, शहर या कि जिले का एक व्यक्तित्व होता है, गौतम बुद्ध नगर का भी एक व्यक्तित्व है—अपने अतीत पर गर्व करते हुए, वर्तमान पर खुश होते हुए और भविष्य पर नजर रखते हुए एक नई उड़ान के लिए तैयार।

जिला गौतम बुद्ध नगर

इस जिले की स्थापना 9 जून, 1997 को बुलंदशहर और गाजियाबाद जिलों के कुछ ग्रामीण तथा अर्द्धशहरी क्षेत्रों को काटकर की गई थी। दिल्ली से इसकी निकटता और उत्तर प्रदेश

के अन्य जिलों की तुलना में बेहतर बुनियादी सुविधाओं के कारण यह भारत में प्रमुख कंपनियों और उद्योगों के लिए पसंदीदा और सबसे महत्त्वपूर्ण ठिकाना बन चुका है। प्रदेश की राजस्व प्राप्ति में इस जिले की प्रमुख भूमिका है।

मुख्यालय—ग्रेटर नोएडा
पुराना नाम व उपनाम—नॉएडा/ग्रेटर नॉएडा, सिटी ऑफ अपैरेल (परिधान शहर)
मंडल—मेरठ
क्षेत्रफल—1,442 वर्ग किलोमीटर
सीमा रेखा
पूर्व में—बुलंदशहर
पश्चिम में—हरियाणा राज्य
उत्तर में—गाजियाबाद, हापुड़ और दिल्ली
दक्षिण में—अलीगढ़
राष्ट्रीय राजमार्ग—एनएच 91
नदियाँ—यमुना और हिंडन

अक्षांश-देशांतर—28.359985,77.551017

गौतम बुद्ध नगर का प्रशासनिक परिचय
विधानसभा क्षेत्र—3 (दादरी, जेवर, नोएडा)
लोकसभा सीट—गौतम बुद्ध नगर
तहसील—3 (सदर, दादरी, जेवर)
विकासखंड (ब्लाक)—4 (बिसरख, दादरी, दनकौर, जेवर)

1. बिसरख

बिसरख भारत के उत्तर प्रदेश राज्य में ग्रेटर नोएडा से 10 किलोमीटर दूर कभी एक गाँव था, जो अब जिले का एक ब्लॉक बन गया है। मान्यता है कि यह पौराणिक पात्र लंकेश रावण का जन्म स्थान है। यही वजह है कि दशहरा उत्सव, जो रावण पर राम की जीत का जश्न है, बिसरख के लिए यह शोक की अवधि है। दशहरे के दिनों में स्थानीय लोग

आज भी रावण की आत्मा की शांति के लिए प्रार्थना करते हैं। स्थानीय लोगों का मानना है कि अगर गाँव में रामलीला होगी तो ग्रामीणों को रावण का क्रोध झेलना पड़ेगा।

स्थानीय किंवदंती के अनुसार, गाँव का नाम रावण के पिता और प्रसिद्ध ऋषि विश्रवा पर केंद्रित है, जो इस गाँव में रहते थे। माना जाता है कि रावण के पिता महर्षि विश्रवा का आश्रम यहीं था। यह इलाका घने जंगल का था, लिहाजा उन्होंने तपस्या के लिए इसी इलाके को चुना था। गाँव में एक शिव मंदिर भी है। मान्यता है कि इस मंदिर की स्थापना खुद महर्षि विश्रवा ने की थी। इस गाँव में जन्मे रावण ने अपना बचपन यहीं बिताया था।

हिंदू पौराणिक कथाओं के अनुसार, ऋषि विश्रवा ने एक राक्षस राजकुमारी कैकसी से विवाद किया था। अपनी पहली पत्नी देववर्णिनी से ऋषि विश्रवा के बड़े पुत्र कुबेर थे, जिन्हें अब धन के देवता के रूप में पूजा जाता है, जिन्होंने लंका पर शासन किया, जब तक कि रावण स्वयं राजा नहीं बन गया। यहाँ गाँव के लोग रावण को रावण बाबा कहकर संबोधित करते हैं। 90 के दशक में यहाँ खुदाई भी कराई गई थी, जिसमें एक प्राचीन शिव प्रतिमा और कुछ अन्य सामान निकला था। आज भी गाँव में कई मंदिर मौजूद हैं, जो 1,000 साल से अधिक पुराने हैं।

आज बिसरख की साक्षरता दर 77.58 प्रतिशत है, जो राज्य के 68.01 प्रतिशत के आँकड़े से अधिक है।

महिलाओं का औसत लिंगानुपात 767 है, जो उत्तर प्रदेश राज्य के 902 के औसत से कम है।

गाँव और बिसरख ब्लॉक की अर्थव्यवस्था मुख्य रूप से, यहाँ तक कि 70 प्रतिशत तक कृषि पर आधारित है। शेष 30 प्रतिशत लोगों की जीविका गैर-कृषि गतिविधियों से जुड़ी है, जैसे कि शिक्षण, प्रशासन और पुलिस विभाग, राजनेता, काष्ठकला, दुकानदारी, हजामत का काम और अन्य श्रम। ब्लॉक के बाकी हिस्सों की तुलना में गाँव के किसान अभिजात्य वर्ग से और कुलीन हैं, जिनके पास 40 बीघा या उससे अधिक भूमि है। कई-कई लोगों के पास तो 300 बीघा तक भूमि है। शहरीकरण ने इस इलाके के लोगों के रहन-सहन को भी प्रभावित किया है।

2. दादरी

गजेटियर ऑफ मेरठ (संपादक—एच.आर. नेविल) लिखता है कि "मेरठ-सहारनपुर सड़क पर पश्चिम दिशा में दादरी एक गाँव है, जहाँ दौराला नाम का पुलिस स्टेशन है। यह स्थान

पहले राजा नैन सिंह के आवासों में से एक था, जिसके किले के बीच से अब रेलवे लाइन गुजरती है। यहाँ एक सरकारी स्कूल है।"

दादरी अब गौतम बुद्ध नगर जिले का एक ब्लॉक है। इसका एक बड़ा इलाका आर्द्रभूमि के रूप में वर्गीकृत है। इस इलाके में ब्लैकबक और नीलगाय बड़ी संख्या में पाई जाती हैं। यह साइबेरिया और यूरोप से आनेवाले प्रवासी पक्षियों की आश्रय स्थली भी है।

2011 की भारत की जनगणना के अनुसार, दादरी में पुरुष जनसंख्या 54 प्रतिशत और महिला आबादी 46 प्रतिशत है। दादरी की औसत साक्षरता दर 74 प्रतिशत है, जो राष्ट्रीय औसत 59.5 प्रतिशत से अधिक है। पुरुष साक्षरता दर 80 प्रतिशत और महिला साक्षरता दर 68 प्रतिशत है।

3. दनकौर

दनकौर, गौतम बुद्ध नगर जिले का एक कस्बा है। दनकौर द्रोण शब्द से बना है। मान्यता है कि यहाँ गुरु द्रोणाचार्य का गुरुकुल था। कौरवों और पांडवों ने इसी गुरुकुल में शिक्षा ग्रहण की थी। यहाँ प्रतिवर्ष श्रीकृष्ण जन्माष्टमी से लेकर अगले 10 दिनों तक मेला लगता है, जिसे दनकौर मेला कहा जाता है।

प्राचीन हस्तिनापुर के पास स्थित आचार्य द्रोण का यह गुरुकुल ह्यद्रोणकोरह्ण नाम से भी प्रसिद्ध रहा है। यहाँ द्रोणाचार्य द्वारा पूजित प्राचीन शिव विग्रह, एक स्टेडियम और अनेक प्राचीन पुरावशेष विद्यमान हैं। मान्यता है कि, इसी क्रीड़ांगन में लगभग 5,000 वर्ष पूर्व महाभारत काल में पांडव और कौरव राजकुमारों का दीक्षांत प्रदर्शन हुआ था। यहाँ द्रोणाचार्य की एक खड़े आकार की प्रतिमा, श्रीबांके बिहारी की प्राचीन प्रतिमा सहित श्रीराम दरबार, हनुमान जी, दुर्गा माता आदि विविध देवी-देवताओं की प्रतिमाएँ भी प्रतिष्ठापित हैं। इन प्रतिमाओं का कोई ऐतिहासिक साक्ष्य तो नहीं है, लेकिन लोगों की आस्था और निष्ठा जरूर जुड़ी हुई है।

ग्रेटर नोएडा स्थित गौतम बुद्ध विश्वविद्यालय के पूर्व कुलपति और इतिहास के अध्येता प्रोफेसर भगवती प्रकाश लिखते हैं—"जनश्रुति में इस क्रीड़ांगन को महर्षि दुर्वासा का शापग्रस्त तालाब भी बताया जाता है, लेकिन यह अखाड़ा ही अधिक लगता है। आचार्य द्रोण द्वारा किए दिव्यास्त्रों के प्रयोग से यह अखाड़ा सदैव जल-प्लावन रहित रहता है। भारी वर्षा और पास में यमुना में बाढ़ से पूरे दनकौर में जल भर जाने पर भी इस स्टेडियम के रास्ते की सारी जलराशि दो-तीन घंटे में भूगर्भ में विलीन हो जाती है।

ऐसा होने से यहाँ प्रत्येक मौसम में शस्त्र व मल्ल विद्याओं का अभ्यास अबाधित चल सकता था। पूरे क्षेत्र में अखाड़े का तल सामान्य भूतल से 20 फीट गहरा होने पर भी यहाँ जल एकत्र न होना एक विलक्षण बात तो है ही।" धार्मिक विश्वास की वैज्ञानिक व्याख्या को लोक नहीं मानता। इसलिए लोग दनकौर को आचार्य द्रोण के स्थल के रूप में सदियों से स्वीकार कर रहे हैं।

दनकौर राष्ट्रीय राजधानी दिल्ली से लगभग 55 किलोमीटर पूर्व में यमुना नदी के किनारे स्थित है। यह स्थान दिल्ली-अलीगढ़ लिंक रोड और उत्तर रेलवे के रेल लिंक द्वारा अच्छी तरह से जुड़ा हुआ है।

2011 की भारत की जनगणना के अनुसार, दनकौर में पुरुष जनसंख्या 54 प्रतिशत और महिला आबादी 46 प्रतिशत है। दनकौर की औसत साक्षरता दर 57 प्रतिशत है, जो राष्ट्रीय औसत 59.5 प्रतिशत से कम है। पुरुष साक्षरता 67 प्रतिशत है, जबकि महिला साक्षरता 47 प्रतिशत।

4. जेवर

जेवर भारतीय राज्य उत्तर प्रदेश में गौतम बुद्ध नगर जिले का एक कस्बा है। यह नोएडा से लगभग 60 किलोमीटर, ग्रेटर नोएडा से 40 किलोमीटर (25 मील) और गौतम बुद्ध विश्वविद्यालय से 33 किलोमीटर के फासले पर स्थित है। यह यमुना नदी के पूर्वोत्तर तट पर स्थित है।

इतिहास बताता है कि इसका नाम ऋषि महर्षि जावली के नाम पर रखा गया था। जेवर के पश्चिम में एक किलोमीटर की दूरी पर एक आश्रम और महर्षि का एक पुराना मंदिर भी है। जेवर के अन्य मंदिरों में देवी मंदिर और दाऊ जी मंदिर प्रसिद्ध हैं। हर साल सितंबर के महीने में दाऊ जी मंदिर पर एक मेला आयोजित होता है। आठ लेन वाला यमुना एक्सप्रेस-वे, जेवर को ग्रेटर नोएडा और आगरा से जोड़ता है। जेवर, गौतम बुद्ध नगर में बदलने से पहले उत्तर प्रदेश के बुलंदशहर जिले का हिस्सा था।

2011 की भारतीय जनगणना के अनुसार, जेवर में पुरुष साक्षरता दर 63.8 प्रतिशत और महिला साक्षरता दर 47.9 प्रतिशत थी।

जेवर मुख्य रूप से सड़कों और रेल नेटवर्क के माध्यम से अन्य प्रमुख स्थलों से जुड़ा हुआ है। राष्ट्रीय राजधानी क्षेत्र को अन्य अंतरराष्ट्रीय शहरों से जोड़ने के लिए जेवर के पास एक हवाई अड्डे के निर्माण का कार्य प्रगति पर है।

विकास प्राधिकरण—ग्रेटर नोएडा औद्योगिक, नया ओखला औद्योगिक, यमुना एक्सप्रेस-वे औद्योगिक।

कुल ग्राम—423

कुल ग्राम पंचायत—102

न्याय पंचायत—14

नगर पालिका परिषद—6 (रबुपुरा, जहाँगीरपुर, जेवर, दादरी, दनकौर, बिलासपुर)

गौतम बुद्ध नगर की जनसंख्या

कुल जनसंख्या—16,48,115

पुरुष जनसंख्या—8,90,214

महिला जनसंख्या—7,57,901

शहरी जनसंख्या—9,74,309 (59.12 प्रतिशत)

ग्रामीण जनसंख्या—6,73,806 (40.88 प्रतिशत)

साक्षरता दर—80.12 प्रतिशत

पुरुष साक्षरता—88.06 प्रतिशत

महिला साक्षरता—70.82 प्रतिशत

जनसंख्या घनत्व—1,286

लिंगानुपात—851

जनसंख्या वृद्धि दर—37.11 प्रतिशत

हिंदू जनसंख्या—13,94,025 (84.58 प्रतिशत)

मुस्लिम जनसंख्या—2,15,500 (13.08 प्रतिशत)

गौतम बुद्ध नगर के प्रमुख संस्थान और चर्चित स्थान

प्रमुख मंदिर—इस्कॉन मंदिर, बिसरख का शिव मंदिर, दुजाना का सती मंदिर, सूरजपुर का बराही मंदिर, दनकौर का द्रोण मंदिर।

प्रमुख स्थान—सिटी पार्क, स्टेलर संग्रहालय, जल पार्क, स्तूप, आर्ट गैलरी, बोटैनिकल गार्डन, ओखला अभयारण्य, सूरजपुर आर्द्रभूमि, गौतम बुद्ध पार्क, आई मैक्स मल्टीप्लेक्स।

प्रमुख उद्योग—कंप्यूटर/सॉफ्टवेयर/पेरीफेरल उद्योग, विद्युतीय उद्योग, खाद्य उत्पाद उद्योग।

अभयारण्य—ओखला पक्षी विहार।

जीविका

अभी भी इस जिले में एक बहुत बड़ी आबादी की जीविका का मुख्य स्रोत कृषि है। मुख्य फसलें गेहूँ, चावल और गन्ना हैं। कुछ क्षेत्रों में बाजरा भी बोया जाता है। हालाँकि नोएडा और ग्रेटर नोएडा औद्योगिक क्षेत्र के कारण औद्योगिक श्रमिक और प्रशिक्षित प्रोफेशनल के रूप में ढेर सारे लोगों को रोजगार मिला हुआ है और इलाके के ढेर सारे लोगों ने व्यवसाय को भी अपनी जीविका का आधार बना रखा है।

आर्थिक संरचना

राष्ट्रीय राजधानी क्षेत्र के दायरे में होने के कारण जिले का विकास तेजी से हो रहा है। जिले के नोएडा और ग्रेटर नोएडा विश्व स्तर के औद्योगिक केंद्र हैं। नोएडा/ग्रेटर नोएडा औद्योगिक क्षेत्रों में बहुराष्ट्रीय कंपनियों द्वारा कई बड़े पैमाने के उद्योग स्थापित किए गए हैं। इसलिए आर्थिक संरचना के मामले में गौतम बुद्ध नगर जिला न केवल राज्य स्तर पर, बल्कि राष्ट्रीय स्तर पर भी महत्त्वपूर्ण है। उत्तर प्रदेश के कुल राजस्व का लगभग 25 प्रतिशत गौतम बुद्ध नगर से प्राप्त होता है।

संदर्भ-ग्रंथ

1. गजेटियर ऑफ मेरठ, संपादक-एच.आर. नेविल।
2. ऑफिशियल साइट ऑफ उत्तर प्रदेश गवर्नमेंट—https://gbnagar.nic.in/

अध्याय : 2

एक जीवित सभ्यता के आलोक में

अक्सर इतिहास प्रगति के ठोस और सीधे मील के पत्थरों को तो सुनहरे ढंग से अंकित करता है, लेकिन किसी सभ्यता या संस्कृति की हिचकिचाहट, संशय और संघर्ष को उस ढंग से याद नहीं करता। ऐसा पूरी दुनिया में होता रहा है। लेकिन इस बात में कोई दो राय नहीं कि सदियों पहले भी, जब गौतम बुद्ध नगर जिले के रूप में अस्तित्व में नहीं आया था, तब भी इस इलाके में एक बेहद समृद्ध सभ्यता थी। गौतम बुद्ध नगर की सदियों पहले की सभ्यता और संस्कृति को समझने के लिए हमें मेरठ को भी समझना होगा, बुलंदशहर को जानना होगा और गाजियाबाद को भी महसूस करना होगा, क्योंकि जिले के रूप में इस इलाके का अभिभावक मेरठ और बुलंदशहर भी रहा है और गाजियाबाद भी।

पुरातात्त्विक अनुसंधान कार्य और खुदाई से साबित हुआ है कि यहाँ अत्यन्त विकसित सभ्यता थी। गाजियाबाद (आज गौतम बुद्ध नगर का पड़ोसी जिला) के मोहन नगर से 2 किलोमीटर उत्तर में हिंडन नदी के तट पर स्थित केसरी के टीले पर की गई खुदाई से पता चलता है कि यहाँ लगभग 2500 ईसा पूर्व में सभ्यता विकसित हो गई थी।

सन् 1950 में मेरठ से 23 मील उत्तर-पूर्व में स्थित एक जगह 'विदुर का टीला' की पुरातात्त्विक खुदाई से ज्ञात हुआ कि यह शहर प्राचीन नगर हस्तिनापुर का अवशेष है, जो महाभारत काल में कौरव राज्य की राजधानी थी। एक अन्य किंवदंती के अनुसार, रावण के श्वसुर मय दानव के नाम पर यहाँ का नाम कभी मयराष्ट्र पड़ा, जैसा कि रामायण में भी वर्णित है।

मेरठ का इलाका मौर्य सम्राट अशोक के काल में (273 ईसा पूर्व से 232 ईसा पूर्व) बौद्ध धर्म का केंद्र रहा, जिसके निर्माणों के अवशेष भी मिले हैं।

सम्राट अशोक के शासनकाल में मेरठ में अशोक स्तम्भ की स्थापना हुई थी। एक बार मेरठ में शिकार खेलने आए फिरोजशाह तुगलक की नजर उस विशालकाय स्तम्भ पर पड़ी और वह उसे दिल्ली ले गया। 42 पहियों की बैलगाड़ी से उस पिलर को यमुना

तक लाया गया। बाद में नाव से यमुना पार कराकर दिल्ली में वर्तमान में मौजूद हिंदू राव अस्पताल के समीप स्थापित किया गया था। 10 मीटर ऊँचा शिला स्तम्भ एक विस्फोट में क्षतिग्रस्त हो गया। बहुत बाद में शिला स्तम्भ के पाँच टुकड़ों को एशियाटिक सोसाइटी ऑफ बंगाल (कोलकाता) ले जाया गया, जहाँ से शिला को जोड़कर दोबारा दिल्ली लाया गया।

गाजियाबाद जिले की पूर्वी सीमा पर 'कोट' नामक गाँव स्थित था। इतिहासकार मानते हैं कि इस गाँव पर प्रसिद्ध सम्राट समुद्रगुप्त की कृपा दृष्टि थी। समुद्रगुप्त ने कोट किले पर विजय प्राप्त करने के बाद इसी गाँव में अश्वमेध का यज्ञ किया था। यह एक महत्त्वपूर्ण ऐतिहासिक घटना थी। 11वीं शताब्दी में जिले का दक्षिण-पश्चिमी भाग, बुलंदशहर के राजा हर दत्त द्वारा शासित था, जिसने एक किला बनवाया। इसका उल्लेख आईना-ए-अकबरी में भी है। वह एक शक्तिशाली राजा था। बाद में वह महमूद गजनवी द्वारा सन् 1018 में पराजित हुआ। हालाँकि शहर पर पहला बड़ा आक्रमण मुहम्मद गोरी द्वारा सन् 1192 में हुआ।

सन् 1313 में सुल्तान मुहम्मद बिन तुगलक के शासन के दौरान यह पूरा क्षेत्र एक विशाल युद्ध क्षेत्र बन गया था। सुल्तान नसीरुद्दीन, जो अपनी सादगी और ईमानदारी के लिए प्रसिद्ध थे, ने अपना बचपन यहाँ लोनी किले में गुजारा था। उसी दौरान तैमूर का हमला इस किले पर हुआ और उसके द्वारा किए गए मानव नरसंहार इतिहास में संदर्भित हैं। लेकिन इससे आगे जब तैमूरलंग ने सन् 1398 में आक्रमण किया तो उसे राजपूतों ने कड़ी टक्कर दी। यह युद्ध लोनी के किले पर हुआ था, जहाँ उसने दिल्ली के सुल्तान मुहम्मद बिन तुगलक से भी युद्ध किया था। उसके बाद वह दिल्ली पर आक्रमण करने आगे बढ़ गया। फिर वापस मेरठ पर हमला किया, जहाँ तब एक अफगान का शासन था। उसने नगर पर दो दिनों में कब्जा कर लिया। इस युद्ध से इलाके में भयानक तबाही हुई। फिर वह आगे उत्तर की ओर बढ़ गया।

मुगल काल के दौरान लोनी का महत्त्व बढ़ गया, क्योंकि मुगल बादशाह शिकार और आनंद यात्राओं के लिए यहाँ आते थे। इतिहासकार मानते हैं कि इस क्षेत्र में सात युद्ध लड़े गए थे। चौथी शताब्दी में कोट युद्ध लोनी में और तैमूर तथा भारतीय योद्धाओं के बीच युद्ध लाजपुर में लड़ा गया था। मराठा-मुगल युद्ध भरतपुर के शासक सूरजमल और नजीब के बीच हिंडन नदी के तट पर और सन् 1803 में सर जनरल लेक और शाही मराठा सेना के बीच युद्ध यहाँ लड़ा गया था, लेकिन सबसे महत्त्वपूर्ण लड़ा गया युद्ध हिंडन नदी के किनारे 30-31 मई, 1857 को अंग्रेजों के साथ हुआ था। यह आजादी का पहला युद्ध था और इसने इस पूरे इलाके को बहुत गौरवान्वित किया। वास्तव में सन्

1857 के युद्ध के दौरान हर ओर युद्ध के दृश्य देखे गए थे। क्रांति की चिंगारी हर जगह मौजूद थी और वह चिंगारी अक्सर ज्वाला का रूप ले लेती थी।

गाजियाबाद और बुलंदशहर

मेरठ के साथ रहे गाजियाबाद और बुलंदशहर, जिससे अलग होकर गौतम बुद्ध नगर जिला बना है, का इतिहास भी बहुत दिलचस्प है। माना जाता है कि गाजियाबाद को सन् 1740 में मुगल वजीर गाजीउद्दीन खान ने बसाया था। 124 सालों तक यह शहर गाजीउद्दीन नगर के नाम से ही जाना गया। इस शहर का इतिहास 1200 वर्ष पुराना है, तब इसे 'बरन' के नाम से जाना जाता था। यहाँ अहिबरन नाम के एक शासक ने बरन नाम का किला बनवाया था, जिसके बाद उसने अपनी राजधानी बरनशहर के नाम से यहीं स्थापित की थी। बाद में इस शहर का नाम बदलकर बुलंदशहर हो गया। ब्रिटिश शासन के दौरान भी अहिबरन की आगे की पीढ़ी ने यहाँ कई वर्षों तक राज किया।

मुगल काल के दौरान गाजियाबाद 4 दरवाजों के अंदर ही सिमटा था। इन 4 दरवाजों को आज भी सिहानी गेट, डासना गेट, दिल्ली गेट और जवाहर गेट के नाम से जाना जाता है। गाजीउद्दीन ने जब इस शहर को बसाया तो एक चारदीवारी बनवाई थी। अब उसका कुछ भाग ही बचा रह गया है। वहीं अब सिर्फ 3 दरवाजे ही बचे हुए हैं।

गाजियाबाद पहले एक तहसील था और मेरठ जनपद में शामिल था। 14 नवंबर, 1976 को इसे जनपद बनने का गौरव मिला। मेरठ जिले के 8 विकासखंडों—रजापुर, मोदीनगर, भोजपुर, धौलाना, हापुड़, लोनी, सिंभावली और गढ़मुक्तेश्वर के अलावा बुलंदशहर जिले के 2 विकासखंडों—दादरी और बिसरख समेत 10 विकासखंड इसमें शामिल किए गए थे। गाजियाबाद, हापुड़, दादरी और गढ़मुक्तेश्वर 4 तहसीलें थीं। इसके बाद 30 सितंबर, 1989 को मोदीनगर को भी तहसील का दर्जा दे दिया गया। इसके बाद जब नोएडा को गौतम बुद्ध नगर के नाम से जिला बनाया गया तो दादरी और बिसरख गौतम बुद्ध नगर में चले गए। वहीं हापुड़ के जिला बन जाने पर हापुड़, सिंभावली और गढ़मुक्तेश्वर भी गाजियाबाद से अलग हो गए।

लेकिन मुगलों के आने से पहले इस पूरे इलाके में विराट समृद्धि थी। हमारी सभ्यता आत्मगौरव की ऊँची चोटी पर थी। लेकिन तब भी कुछ लोग ऐसे थे, जो अपनी इस सभ्यता की नियति के बारे में अत्यन्त चिंतित थे, जो अपनी समूची समृद्धि और सफलता के बावजूद एक संकट के छोर पर खड़ी थी। हजारों साल पुरानी भारतीय संस्कृति को एक ऐसी संहारी

ध्वंसात्मक लोलुप सभ्यता का सामना करना पड़ रहा था, जो भारत की परंपरागत दृष्टि को नष्ट कर रही थी।

ब्रिटिश शासन से पूर्व और यहाँ तक कि मुगलों के आने के पूर्व इस इलाके के राजनीतिक, सामाजिक, आर्थिक और सांस्कृतिक जीवन को समझने के लिए इतिहासकार और पुरातत्त्वविद डॉ. संजीव कुमार सिंह की टिप्पणी एक रास्ता दिखाती है—"यह सच है कि उत्तर प्रदेश के शासकीय प्रादेश संख्या 1249/97/8297 के तहत दिनांक 6.9.1997 को एक नये जनपद का जन्म हुआ और नाम दिया गया गौतम बुद्ध नगर। वस्तुत: यह नवनिर्मित जनपद गाजियाबाद और बुलंदशहर के दादरी, बिसरख, दनकौर, जेवर आदि इलाकों से बना प्रशासनिक इकाई है, जहाँ मिश्रित आबादी रहती है। पौराणिक कथाओं, किंवदंतियों और पुरातात्त्विक साक्ष्यों के आधार पर कहा जा सकता है कि इस भौगोलिक-प्रशासनिक परिक्षेत्र का बड़ा ही गौरवशाली इतिहास रहा है। किसी भी देश, प्रदेश, प्रांत, गाँव, स्थान अथवा भवन में विरचित गद्य या पद्य वहाँ का साहित्य कहलाता है और पुरावशेष वहाँ की संस्कृति और प्राचीनता को स्पष्ट करते हैं। जहाँ साहित्य इस क्षेत्र को त्रेता युग (रामायण काल) और द्वापर युग (महाभारत काल) का प्रसिद्ध क्षेत्र घोषित करता है, वहीं बुलंदी खेरा गुलिस्तांपुर में हुए पुरातात्त्विक उत्खनन में इस क्षेत्र को उत्तर सैंधव सभ्यता के धूसर मृदभांड का केंद्र माना जाता है, यानी साहित्यिक वर्णन और पुरातात्त्विक साक्ष्य एक-दूसरे के पूरक हैं।"

सच पूछा जाए तो हमें अक्सर अपनी परंपरा का बोध सहज जीवनधारा के बिम्बों और प्रतीकों से तो प्राप्त होता ही है, साथ ही अतीत से भी मिलता है। परंपरा हमारे भीतर हमेशा मूक और अपरिभाषित रूप से जीवित रही है। प्रख्यात चिंतक और लेखक निर्मल वर्मा कहते हैं, "सच है कि पश्चिम का आधुनिक समाज केवल अतीत के प्रतीकों पर जीवित रहता है, जिसे वह इतिहास का नाम देता है, किंतु जो समाज सहज रूप से परंपरागत होता है, उसे अतीत की कोई आवश्यकता नहीं है। मेरी यह भावना कि मैं भारतीय संस्कृति का अंग हूँ, केवल इसलिए नहीं है कि मैं जमीन के एक अंश से जुड़ा हूँ, जिसे हम भारत कहते हैं, बल्कि इसलिए भी है कि मैं एक ऐसे समय में जीता हूँ, जो चिरंतन रूप से मेरा समकालीन है।"

यह चिरंतन रूप से जो समकालीनता है, वही एक सच्चे भारतीय के लिए सबसे बड़ा ऊर्जा का स्रोत भी होता है। परंपरा से जो मिलता है, वही तो जीवनस्थल भी होता है। गौतम बुद्ध नगर के बारे में बात करते हुए इतिहासकार और पुरातत्त्वविद डॉ. संजीब कुमार सिंह इसी परंपरा को इतिहास की खिड़की से देखते हैं—"रामायण काल में रावण के पिता ऋषि

विश्रवा का जन्म बिसरख में माना जाता है, जबकि महाभारत काल में प्रसिद्ध आचार्य द्रोण यानी द्रोणाचार्य का आश्रम भी यहीं था। द्रोणाचार्य का प्राचीन मंदिर, जो दनकौर में स्थित है, इसकी पुष्टि करता है। मध्यकालीन इतिहास के केशवगढ़ की पहचान कासना से हुई है। सच तो यह है कि राजस्थान के भाटी राजपूतों ने इस शक क्षेत्र को अधिकृत किया और अपने विरुद्ध स्थानीय असंतोष को दबाने के लिए यहाँ के स्थानीय नागरिकों से वैवाहिक संबंध भी स्थापित किए, जिसका वर्णन 'स्थानीय जाति के इतिहास' में प्रमुखता से मिलता है। इतना तो सत्य है कि यह परिक्षेत्र रामायण एवं महाभारत काल से ही महत्त्वपूर्ण रहा है। इस क्षेत्र का सामरिक महत्त्व भी निर्विवाद रूप से प्राकट्य है। हस्तिनापुर से इंद्रप्रस्थ या फिर मुगल काल में आगरा से दिल्ली या फिर प्रारंभिक मध्यकाल में लालकोट (दिल्ली) और कन्नौज एवं बुंदेलखंड के मध्य पड़ने के कारण इस क्षेत्र का सामरिक महत्त्व था। सूरजमल एवं मराठों ने इस क्षेत्र में अपना वर्चस्व कायम किया। इतिहास इसकी पुष्टि करता है कि इस परिक्षेत्र में अनेक युद्ध लड़े गए। वीरों का जननेवाली यह भूमि कभी युद्ध के कारणों से तो कभी स्थानीय विद्रोहों के कारण शांत नहीं रही, तथापि यह क्षेत्र खुशहाल और कृषि प्रधान बना रहा। कहते हैं, मिर्जा नजफ खान ने जाटों (सूरजमल) के विरुद्ध पहला अभियान इसी क्षेत्र में चलाया। 'काव्य सुजान चरित' में सूरजमल के सभी सैन्य अभियानों का वर्णन मिलता है। 'सुजान चरित' के आधार पर राष्ट्रीय संग्रहालय ने 'वार पेंटिंग्स ऑफ द इररेस्टिबल जाट किंग सूरजमल' पुस्तक प्रकाशित की है, जिसकी कुछ सामग्री इस भाग से भी संबंधित है। इसी तरह ऐतिहासिक दस्तावेज 'इबादतनामा' एवं 'शाहग्रपालक नामा', जो क्रमशः वाका और गुलाम अली द्वारा लिखे गए हैं, में इस क्षेत्र को 'युद्ध प्रसूत' यानी 'वार प्रोन' कहा गया है। सच तो यह भी है कि सिख, मुगल, जाट, मराठा और राजपूतों ने अपने सैन्य अभियानों में इस इलाके का उपयोग किया। मुगलों पर लिखनेवाले प्रसिद्ध इतिहासकार यदुनाथ सरकार कहते हैं कि युद्ध परिक्षेत्र में पड़ने के कारण इस क्षेत्र के शांतिप्रिय कृषक और पशुपालक समाज अक्खड़ एवं विद्रोही हो गए थे और इसी अक्खड़ता ने इस क्षेत्र के निवासियों में आत्मसम्मान की भावना को सर्वोपरि बना दिया था।"

भारतीय संस्कृति में आत्मसम्मान की भावना हमेशा से मनुष्य और सृष्टि के अखण्डित संबंध—सार्वभौमिक संपूर्णता के आदर्श पर आधारित रहा है। गौतम बुद्ध नगर का इलाका भी इससे अछूता नहीं रहा है। यह बात अलग है कि पिछले कई दशकों में हम भारतीय जिस अनुपात में आधुनिक होते गए, उसी अनुपात में आत्मसम्मान की यह भावना हमारे जीवन में धुँधली और मलिन पड़ती गई है।

मुगलों के दौर में गौतम बुद्ध नगर

अंग्रेजों के भारत आने से पहले इस उपमहाद्वीप के बड़े भू-भाग पर मुगलों का शासन था। मुगल शासन की भारत में शुरुआत 1526 में बाबर से हुई और 1707 में औरंगजेब की मौत के साथ ही भारत में मुगल शासन के पतन का दौर शुरू हो गया। हालाँकि औरंगजेब की मौत के बाद करीब 100 सालों तक भारत पर मुगल शासन रहा।

मुगल काल में निश्चित रूप से गौतम बुद्ध नगर, मेरठ का एक इलाका था। मेरठ जब मुगल साम्राज्य के शासन में आ गया तो उसने सापेक्ष शांति का दौर देखा। मुगल सम्राट अकबर के शासन के दौरान यहाँ तांबे के सिक्कों के लिए एक टकसाल थी। इसके अलावा अकबर के शासनकाल के दौरान मेरठ को 'आईन-ए-अकबरी' में एक परगना के रूप में सूचीबद्ध किया गया है, जो शाही खजाने के लिए भारी मात्रा में राजस्व पैदा करता थी और पैदल सेना के साथ-साथ घुड़सवार सेना की आपूर्ति करती थी। जाहिर है, इन सेनाओं में गौतम बुद्ध नगर की भी भागीदारी रही ही होगी। मेरठ का प्रमुख भाग 16वीं से 18वीं शताब्दी के अंत तक सय्यद जागीरदारों के नियंत्रण में था। सय्यद मीर अब्दुल्ला नकवी अल बुखारी ने 16वीं शताब्दी में मेरठ के अब्दुल्लापुर में कोट किले का निर्माण कराया। यह स्थान उनका मुख्य निवास स्थान था।

जब आई ईस्ट इंडिया कंपनी

वह सोलहवीं सदी का आखिरी साल था। दुनिया के कुल उत्पादन का एक-चौथाई माल भारत में तैयार होता था। 'सोने की चिड़िया' कहते थे भारत को। तब दिल्ली के तख्त पर मुगल बादशाह जलालुद्दीन मुहम्मद अकबर बैठता था। उसे दुनिया के सबसे दौलतमंद बादशाहों में से एक माना जाता था। यह वही समय था, जब ब्रिटेन गृहयुद्ध से उबर रहा था। उसकी अर्थव्यवस्था बिगड़ी हुई थी। दुनिया के कुल उत्पादन का महज 3 फीसदी माल वहाँ तैयार होता था। तब ब्रिटेन की महारानी एलिजाबेथ प्रथम थीं। उस समय तक पुर्तगाल और स्पेन व्यापार में ब्रिटेन को पीछे छोड़ बहुत आगे निकल चुके थे। तब ब्रिटेन के समुद्री लुटेरे पुर्तगाल और स्पेन के व्यापारिक जहाजों को खूब लूटा करते थे। उन्हीं दिनों घूम-घूम कर व्यापार करनेवाला ब्रिटेन का व्यापारी राल्फ फिच जब हिंद महासागर, मेसोपोटामिया, फारस की खाड़ी और दक्षिण-पूर्व एशिया की व्यापारिक यात्राएँ कर रहा था तो उसे भारत की समृद्धि के बारे में पता चला।

राल्फ फिच की वह यात्रा इतनी लंबी थी कि ब्रिटेन लौटने से पहले उसे मृत मानकर उसकी वसीयत को जारी कर दिया गया था। लेकिन जब वह लौटा तो उसके पास कुछ बेहतरीन जानकारियाँ थीं। उसी की जानकारी के आधार पर जेम्स लैंकेस्टर सहित ब्रिटेन के 200 से अधिक प्रभावशाली और व्यावसायिक पेशेवरों को इस दिशा में आगे बढ़ने का विचार आया। उन्होंने 31 दिसंबर, 1600 को एक नई कंपनी की नींव डाली और महारानी से पूर्वी एशिया में व्यापार पर एकाधिकार प्राप्त कर लिया। उस कंपनी को ईस्ट इंडिया कंपनी के नाम से जाना गया। अगस्त 1608 में कैप्टन विलियम हॉकिन्स ने भारत के सूरत बंदरगाह पर अपने जहाज़ 'हेक्टर' का लंगर डालकर ईस्ट इंडिया कंपनी के आने की घोषणा की। हिंद महासागर में ब्रिटेन के व्यापारिक प्रतिद्वंद्वी डच और पुर्तगाली पहले से ही मौजूद थे। हालाँकि तब किसी को यह अंदेशा नहीं था कि यह कंपनी बेहद समृद्ध देश भारत पर शासन करनेवाली है, लेकिन तब तक इधर बादशाह अकबर की मृत्यु हो चुकी थी और अकबर का शहजादा सलीम, जहाँगीर के नाम के साथ तख्त पर बैठ गया था। विश्वविख्यात इतिहासकार विलियम डेलरिम्पल ने लिखा है कि हॉकिन्स को पल भर में यह अहसास हो गया था कि 40 लाख मुगलों की सेना के साथ वैसा युद्ध नहीं किया जा सकता। उसे मुगल बादशाह की सहमति और सहयोग की जरूरत थी। मुगल राजधानी आगरा पहुँचने में हॉकिन्स को लगभग एक साल लग गया, लेकिन उसे जहाँगीर से व्यापार की अनुमति प्राप्त करने में सफलता नहीं मिली। इसके बाद ब्रिटेन के संसद सदस्य और राजदूत थॉमस रो को शाही दूत के रूप में भारत भेजा गया। थॉमस रो सन् 1615 में आगरा पहुँचा। वह बादशाह के लिए बहुमूल्य उपहार लेकर आया था, जिनमें कई शिकारी कुत्ते थे और कुछ बेहतरीन अंग्रेजी शराब थीं, लेकिन जहाँगीर को ब्रिटेन के साथ व्यावसायिक संबंध बनाने में दिलचस्पी नहीं थी। जहाँगीर उससे व्यापार के बजाय घोड़ों और शराब के बारे में बातें करता, लेकिन थॉमस रो तीन साल तक लगातार आग्रह करता रहा। आखिरकार जहाँगीर ने ईस्ट इंडिया कंपनी के साथ एक व्यापारिक समझौते पर हस्ताक्षर कर दिए। समझौते के तहत कंपनी और ब्रिटेन के सभी व्यापारियों को उपमहाद्वीप के प्रत्येक बंदरगाह पर आने-जाने की अनुमति मिली। खरीदने तथा बेचने के लिए जगहों के इस्तेमाल की अनुमति मिली। वादा यह था कि अंग्रेज व्यापारी यूरोप के सामान भारत लेकर आएँगे।

कंपनी के व्यापारी मुगलों की अनुमति से भारत से सूत, नील, पोटैशियम नाइट्रेट और चाय खरीदते और फिर उनको विदेशों में महँगे दामों पर बेचते थे। कंपनी को खूब लाभ हो रहा था। कंपनी जो भी वस्तु खरीदती, उसका मूल्य चाँदी देकर अदा करती थी।

सन् 1670 में ब्रिटिश सम्राट चार्ल्स द्वितीय ने ईस्ट इंडिया कंपनी को विदेश में युद्ध लड़ने और उपनिवेश स्थापित करने की भी अनुमति दे दी। भारत में ब्रिटिश सेना का पहला मुकाबला पुर्तगाली, डच और फ्रांसीसी प्रतिद्वंद्वियों से हुआ। ब्रिटिश सेना जीतती चली गई और धीरे-धीरे उसने बंगाल के तटीय क्षेत्रों को अपने नियंत्रण में ले लिया।

मुगलों से ईस्ट इंडिया कंपनी की लड़ाई

सन् 1681 में कंपनी के कर्मचारियों और कंपनी के निदेशक चाइल्ड ने अपने सम्राट को पत्र लिखा और बताया कि बंगाल में मुगल बादशाह के अधिकारी उन्हें कर और अन्य मामलों में परेशान करते हैं। चाइल्ड ने सम्राट से सैन्य सहायता माँगी। इसके बाद सन् 1686 में 19 युद्धपोतों, 200 तोपों और 600 सैनिकों वाला एक नौसैनिक बेड़ा लंदन से बंगाल की ओर रवाना हुआ। मुगल बादशाह की सेना भी तैयार थी। इस युद्ध में ब्रिटेन के सैनिक हार गए। इतिहासकार विलियम डेलरिम्पल ने लिखा है कि ब्रितानी सैनिकों को मुगल सेना ने रौंद दिया। बंगाल में कंपनी के पाँच कारख़ाने नष्ट कर दिए गए। सभी अंग्रेज बंगाल से बाहर कर दिए गए। सूरत और बम्बई (आज की मुम्बई) में अंग्रेजों को मारा-पीटा गया। कंपनी ने मुगल बादशाह से माफी माँगी। औरंगजेब ने सन् 1690 में कंपनी को माफ कर दिया। सन् 1707 में बादशाह औरंगजेब की मृत्यु के बाद विभिन्न क्षेत्रों के लोग एक-दूसरे के खिलाफ हो गए। कंपनी ने मौका देखकर लाखों की संख्या में स्थानीय लोगों को सेना में भर्ती किया। यूरोप की औद्योगिक क्रांति के कारण वे शीघ्र ही युद्ध तकनीक में भी दक्ष हो गए। ब्रिटेन की छोटी-सी सेना अपनी रणनीति के बूते देश में मुगलों, मराठों, सिखों और स्थानीय नवाबों की बड़ी-बड़ी सेनाओं को परास्त करती चली गई।

सन् 1756 में नवाब सिराजुद्दौला अर्धस्वायत्त राज्य बंगाल का शासक बना। मुगल शासन के राजस्व का बड़ा हिस्सा इसी राज्य से आता था। इस क्षेत्र के लोग रेशम, सूती वस्त्र, इस्पात, कृषि तथा औद्योगिक वस्तुओं का निर्यात करके अच्छी कमाई करते थे। कंपनी ने कलकत्ता (आज का कोलकाता) में अपने किलों का विस्तार करना शुरू कर दिया। अपने सैनिकों की संख्या भी बढ़ानी शुरू कर दी। नवाब सिराजुद्दौला ने कंपनी को ऐसा करने से मना किया। कंपनी ने बात नहीं मानी। नवाब ने कलकत्ता पर हमला किया और ब्रिटिश किलों पर कब्जा कर लिया। ईस्ट इंडिया कंपनी ने नवाब के सेनापति

मीर जाफर को प्रलोभन देकर अपने साथ मिला लिया। 23 जून, 1757 को प्लासी में कंपनी और नवाब की सेनाओं के बीच युद्ध हुआ। तोपों की भरमार और मीर जाफर के विश्वासघात के कारण अंग्रेज जीत गए। मीर जाफर को बंगाल का सिंहासन मिला। अंग्रेज अब मीर जाफर से मालगुजारी वसूलने लगे।

भारत का भाग्य ब्रिटेन की महारानी के हाथ

प्लासी की लड़ाई के बाद ईस्ट इंडिया कंपनी ने वित्त और राजस्व प्रणाली की सहायता से भारत के साथ व्यापार पर एकाधिकार स्थापित कर लिया। यह व्यवस्था की गई थी कि भारतीयों से प्राप्त राजस्व का लगभग एक-तिहाई भारतीय उत्पादों को खरीदने में खर्च किया जाएगा। तब भारत में कपड़ा उद्योग काफी बेहतर स्थिति में था। भारत से सूती और ऊनी कपड़े, शॉल, मलमल और कशीदाकारी का निर्यात किया जाता था। अहमदाबाद रेशम और रेशम पर किए जानेवाले सोने-चाँदी के काम के लिए दुनिया भर में मशहूर था। 18वीं सदी में इंग्लैंड में इन कपड़ों की इतनी अधिक माँग थी कि सरकार को इन पर रोक लगाने के लिए भारी कर लगाना पड़ा। कपड़ा बुनाई के अलावा लोहे के काम में भी भारत काफी आगे था। हालाँकि ईस्ट इंडिया कंपनी एक व्यापारिक कंपनी थी, लेकिन उसके पास बड़ी संख्या में सैनिक भी थे। कंपनी के व्यापार को सफल बनाने के लिए सेना कूद पड़ती थी। कंपनी की सेना ने अगले 50 वर्षों में भारत के अधिकांश हिस्से पर कब्जा कर लिया। सारे इतिहासकार मानते हैं कि अंग्रेजों के आने से पहले भारतीय व्यापारी बहुत ही आरामदायक जीवन जी रहे थे, लेकिन अब स्थिति बदल चुकी थी। अलग-अलग क्षेत्रों में कंपनी को राजस्व देनेवाले स्थानीय शासक शासन करने लगे। सामने से देखने पर सत्ता स्थानीय शासकों के हाथों में दिखती थी, लेकिन राज्य का अधिकांश राजस्व ब्रिटिश तिजोरियों में जाता था।

अगस्त 1765 में ईस्ट इंडिया कंपनी ने मुगल बादशाह शाह आलम को हराया। क्लाइव ने पूर्वी प्रांतों—बंगाल, बिहार और उड़ीसा (आज का ओडिशा) की 'दीवानी' अर्थात् राजस्व वसूलने और जनता को नियंत्रित करने का अधिकार 26 लाख रुपये वार्षिक की दर से खरीद लिया। इसके बाद ही पूरा भारत कंपनी शासन के अधीन आ गया था। इतिहासकार सय्यद हसन रियाज एक जगह पर लिखते हैं कि उन दिनों जनता के बीच एक कहावत बड़ी प्रसिद्ध थी—"दुनिया खुदा की, मुल्क बादशाह का और हुक्म कंपनी बहादुर का।" ब्रिटिश कंपनी के बंगाल में बैठे 2,000 से कम गोरों

ने मारवाड़ी और हिंदू बैंकरों की मदद से 2,00,000 भारतीय सिपाहियों को भारत पर शासन करने के लिए प्रशिक्षित किया।

उधर मुगलिया शासन का अंतिम दौर विलासिता में डूबा हुआ था और सन् 1769 से 1773 तक बिहार से लेकर बंगाल तक का क्षेत्र अकाल से प्रभावित था। अकाल से लाखों लोगों की मौत हुई। गवर्नर जनरल वारेन हेस्टिंग्स की एक रिपोर्ट बताती है कि एक-तिहाई आबादी भुखमरी से मर गई थी। उस समय कंपनी का एक अन्य 'व्यापार' चलता था। ईस्ट इंडिया कंपनी स्थानीय शासकों को अपनी सेना किराये पर उपलब्ध कराती थी, लेकिन उन सैन्य खर्चों के बोझ में दबकर वे अपनी सत्ता से हाथ धो बैठते थे। इस तरह कंपनी लगातार अपने क्षेत्र का विस्तार करती रही। कंपनी का मुनाफा बढ़ता रहा। ईस्ट इंडिया कंपनी ने अकाल के दौरान लगान में भी वृद्धि कर दी। पूरे देश में कंपनी का मुकाबला करनेवाला कोई राजा या बादशाह नहीं था। सिर्फ मैसूर के शासक टीपू सुल्तान ने फ्रांस के तकनीकी सहयोग के साथ कंपनी का वास्तविक प्रतिरोध किया और कंपनी को दो युद्धों में हराया भी, लेकिन भारत के अन्य शासकों को अपने साथ मिलाकर ईस्ट इंडिया कंपनी ने टीपू सुल्तान पर भी क़ाबू पा लिया। सन् 1813 में ब्रिटिश संसद ने भारत में व्यापार पर ईस्ट इंडिया कंपनी के एकाधिकार को समाप्त कर दिया। अन्य ब्रिटिश कंपनियों को भी व्यापार करने और कार्यालय खोलने की अनुमति दे दी। इसके बाद भारत पूरी तरह से तबाह हो गया। उसी दौर में थॉमस मुनरो को मद्रास का गवर्नर बनाया गया। ब्रिटेन के सदन ने मुनरो से पूछा था कि औद्योगिक क्रांति के बावजूद ब्रिटेन के बने कपड़े भारत में क्यों नहीं बिक रहे तो उसने जवाब दिया कि भारतीय कपड़े ब्रिटेन के बने कपड़ों से बेहतर हैं। इसके बाद ब्रिटेन में बने कपड़ों को लोकप्रिय बनाने के लिए सदियों पुराने स्थानीय कपड़ा उद्योग को नष्ट कर दिया गया। बुनकर तबाह हो गए। किसानों की आय पर 66 प्रतिशत तक कर लगा दिया गया। नमक सहित दैनिक उपयोग की वस्तुओं पर भी कर लगाया गया। ईस्ट इंडिया कंपनी के एक निदेशक हेनरी जॉर्ज टकर ने सन् 1823 में लिखा था—"भारत को एक औद्योगिक देश की जगह एक कृषक देश में बदल दिया गया, ताकि ब्रिटेन में निर्मित सामान भारत में बेचा जा सके।"

सन् 1833 में ब्रिटिश संसद ने एक कानून पास कर ईस्ट इंडिया कंपनी से व्यापार करने का अधिकार छीन लिया। कंपनी को एक सरकारी निगम बना दिया गया। अंग्रेज लेखक विलियम डेलरिम्पल ने अपनी किताब 'द अनार्की, द रिलेंटलेस राइज ऑफ द ईस्ट इंडिया कंपनी' में लिखा—"यह इतिहास का एक दिलचस्प उदाहरण है। 18वीं शताब्दी

के मध्य में एक निजी कंपनी ने अपनी थल सेना और नौसेना की मदद से 20 करोड़ की आबादी वाले एक बेहद धनी देश को गुलाम बना लिया।"

1857 के स्वतंत्रता संग्राम, जिसे कंपनी विद्रोह कहती थी, में कंपनी ने हजारों लोगों को मार डाला। यह ब्रिटिश औपनिवेशिक काल का सबसे बड़ा नरसंहार था। इसके बाद ही ब्रिटेन की महारानी विक्टोरिया ने कंपनी के अधिकारों को खत्म कर दिया। शासन की बागडोर सीधे तौर पर अपने हाथों में ले ली। कंपनी की सेना का ब्रिटिश सेना में विलय कर दिया गया। कंपनी की नौसेना को भंग कर दिया गया। भारत का भाग्य ब्रिटेन की महारानी के हाथ में चला गया।

संदर्भ-ग्रंथ

1. गजेटियर ऑफ मेरठ, संपादक—एच.आर. नेविल।
2. द अनार्की, द रिलेंटलेस राइज ऑफ द ईस्ट इंडिया कंपनी, लेखक—विलियम डेलरिम्पल।

अध्याय : 3

रोटी, कमल और कारतूस

स्वतंत्रता संग्राम का इतिहास एक दिन की कहानी नहीं। वक्त के मीटर पर कई दशकों की घटनाएँ अंकित हैं और देश और काल की सीमा से परे, आपस में जुड़े हुए प्रतीत होते हैं। यही वजह है कि गौतम बुद्ध के स्वतंत्रता संग्राम पर बात करते हुए हमें पंजाब याद आते हैं, बंगाल याद आते हैं, लाहौर याद आते हैं तो गोरखपुर और मेरठ को भी याद करना जरूरी हो जाता है।

स्वतंत्रता संग्राम में गौतम बुद्ध नगर की उपस्थिति को महसूस करने के लिए अमेठी चलते हैं, जहाँ आजादी की लड़ाई को करीब से जानने का एक दरवाजा लंदन से आईं चार्मियन ह्यूस के दस्तक से खुलता है।

वह 12 नवम्बर, 2013 की शाम थी। लंदन से चार्मियन ह्यूस अमेठी आई हुई थीं। पेशे से कॉमेडियन चार्मियन ह्यूस, राजा माधो सिंह के वारिसों से मिलना चाहती थीं। अमेठी के राजा माधो सिंह की तो सन् 1891 में ही मृत्यु हो गई थी, लेकिन उनके वारिसों में उनके पड़पोते और नेता डॉ. संजय सिंह मिले। उस दिन डॉ. संजय सिंह का जन्म दिन था। इस मुलाकात ने इतिहास की वह खिड़की खोल दी, जिसके एक तरफ इस देश के हजारों-लाखों दिलों में धधकती क्रांति की ज्वाला थी तो दूसरी तरफ ईस्ट इंडिया कंपनी की आग उगलती बंदूकें। 10 मई, 1857 को उठी बगावत में जब भारतीय सिपाही जान लेने और देने पर उतारू थे, तब एक डरी-सहमी अंग्रेज महिला मैरी लुइजा गोल्डनी अपनी और अपने दो बच्चों की जान बचाने की कोशिश में इधर से उधर भाग रही थी। तब मैरी लुइजा गोल्डनी को इसकी भनक तक नहीं थी कि उनके पति कर्नल फिलिप गोल्डनी की हत्या हो चुकी है। उनके कुछ वफादार नौकर मिसेज गोल्डनी पर मँडराते खतरे की सूचना जरूर दे रहे थे। स्थिति भयानक थी, फिर भी मिसेज गोल्डनी ने खुद को सँभाला। वह इलाहाबाद, फैजाबाद और सुल्तानपुर से बचते-बचाते अमेठी के तत्कालीन राजा माधो सिंह की शरण में पहुँची थीं। राजा माधो सिंह ने न केवल मैरी लुइजा गोल्डनी को शरण दी, बल्कि उन्हें सुरक्षित इंग्लैंड वापस भेजने में भी मदद की।

चार्मियन ह्यूस 1 नवम्बर, 2013 को इंग्लैंड से अपनी पड़दादी के उन्हीं रास्तों की तलाश करती हुई अमेठी पहुँची थीं, जिन रास्तों से होकर लुकती-छिपती और जोखिम उठाती उनकी पड़दादी मैरी लुइजा गोल्डनी अमेठी पहुँची थीं। अपनी पड़दादी को बचानेवाले परिवार के वारिसों से मिलकर चार्मियन भावुक हो गईं और इसी के साथ इतिहास का वह अध्याय भी खुल गया, जिसे मेरठ क्रांति के नाम से भी जाना जाता है। मैरी लुइजा गोल्डनी ने अपनी डायरी में भी 1857 की घटना का जिक्र किया था।

1857 के उस दौर को इतिहासकार विलियम डेलरिम्पल की किताब 'द लास्ट मुगल' से भी समझा जा सकता है—"एक ओर जब अंग्रेजी सेना सुबह चार बजे से परेड के लिए मैदान में जा रही होती थी तो उधर लाल किले के अंदर रात भर मुशायरों में हिस्सा लेने के बाद मुगल बादशाह बहादुरशाह जफर, उनके दरबारी और शहर के अलसाये शायर उबासियाँ लेते हुए महफिल खत्म होने के बाद सोने के लिए जा रहे होते थे। मुगलिया सल्तनत का सूरज डूब रहा था और ब्रिटिश हुकूमत का सूरज चढ़ रहा था।"

शायर जहीर देहलवी ने मुगलिया सल्तनत के डूबते सूरज का दिलचस्प ढंग से बयान किया है। जब कारतूसों में गाय और सुअर की चर्बी के सवाल पर भड़के फौजी मेरठ से बगावत करके 11 मई, 1857 को अपने घोड़े दौड़ाते हुए लाल किले पहुँचे और उन्होंने बादशाह बहादुरशाह जफर से विद्रोह की अगुआई करने को कहा तो बूढ़े, हताश और दयनीय हो चुके बादशाह ने उनसे कहा, "सुनो भाई! मुझे बादशाह कौन कहता है? मैं तो फकीर हूँ, जो किसी तरह किले में अपने खानदान के साथ रहकर एक सूफी की तरह वक्त गुजार रहा है। बादशाही तो बादशाहों के साथ चली गई। मेरे पूर्वज बादशाह थे, जिनके हाथ में पूरा हिंदुस्तान था, लेकिन बादशाहत मेरे घर से सौ साल पहले ही कूच कर गई है।"

बड़ी संख्या में स्थानीय विद्रोहियों को साथ लेकर मेरठ से बगावत करके वहाँ तक पहुँचे फौजी अपनी जिद पर अड़े रहे। वे मुगल बादशाह से विद्रोह की अगुआई करने को कहते रहे। इस पर मुगल बादशाह ने कहा—"मैं अकेला हूँ। मैं एक थका हुआ बादशाह हूँ। मेरे पास कोई खजाना नहीं है। मेरे पास कोई फौज नहीं है, जो तुम्हारी मदद कर सके। मैं कुछ नहीं कर सकता। मुझसे कोई उम्मीद मत करना। यह तुम्हारे और अंग्रेजों के बीच का मामला है।"

मुगल बादशाह थका हुआ था। मन से, धन से और तन से भी। क्रांतिकारी गुस्से में थे और अंग्रेज? ईस्ट इंडिया कंपनी में वह लॉर्ड कैनिंग का जमाना था। कैनिंग के गवर्नर जनरल के रूप में शासन के दौरान ही सन् 1857 ई. की महान क्रांति हुई। इस

क्रांति का आरंभ 10 मई, 1857 ई. को मेरठ से हुआ, जो धीरे-धीरे कानपुर, बरेली, झाँसी, दिल्ली, अवध आदि स्थानों पर फैल गया। इस क्रांति की शुरुआत तो एक सैन्य विद्रोह के रूप में हुई, परंतु कालांतर में उसका स्वरूप बदल कर ब्रिटिश सत्ता के विरुद्ध एक जनव्यापी विद्रोह हो गया, जिसे भारत का प्रथम स्वतंत्रता संग्राम कहा जाता है। 1857 ई. की इस महान क्रांति के स्वरूप को लेकर इतिहासकारों की राय अलग-अलग है। कुछ इतिहासकार इसे सिर्फ सैनिक विद्रोह कहते हैं तो कुछ विद्वान मानते हैं कि यह पहला स्वतंत्रता संग्राम था। इसे सामन्तवादी प्रतिक्रिया, जनक्रांति, राष्ट्रीय विद्रोह, मुस्लिम षड्यंत्र, ईसाइ धर्म के विरुद्ध एक धर्म युद्ध और सभ्यता एवं बर्बरता का संघर्ष कहनेवाले इतिहासकार भी हैं।

हर बात का साक्षी रहा है गौतम बुद्ध नगर

राजा राममोहन राय सती प्रथा जैसी अमानवीय चलन के विरुद्ध निरंतर आंदोलन कर रहे थे। उनके आंदोलन का ही प्रभाव था कि विलियम बैंटिक ने सन् 1829 में सती प्रथा को बंद किया। लेकिन यह वह दौर भी था, जब अंग्रेजी के माध्यम से पश्चिम की शिक्षा पद्धति के प्रसार की दिशा में कदम उठाये गए। अंग्रेजी देश की राजभाषा बना दी गई। सन् 1833 के चार्टर एक्ट के विपरीत ऊँचे पदों पर भारतीयों को नियुक्त नहीं किया गया। भाप से चलनेवाले जहाजों और रेलगाड़ियों का प्रचलन, ईसाइ मिशनरियों द्वारा आक्षेपजनक रीति से ईसाइ धर्म का प्रचार, डलहौजी द्वारा जब्ती का सिद्धांत लागू करके अथवा कुशासन के आधार पर कुछ पुरानी देसी रियासतों की जब्ती तथा ब्रिटिश भारतीय सेना के भारतीय सिपाहियों की शिकायतें—इन सब कारणों ने मिलकर पूरे भारत में एक गहरे असंतोष की आग धधका दी, जो 1857-58 ई. में क्रांति के रूप में भड़क उठी। इतिहासकार मानते हैं कि सन् 1857 की क्रांति की आग अचानक नहीं भड़की थी, इसके पीछे ढेर सारे कारण थे।

राजनीतिक कारण

राजनीतिक कारणों में सर्वाधिक महत्त्वपूर्ण कारण के रूप में डलहौजी की 'गोद निषेध प्रथा' या 'हड़प नीति' को माना जाता है। डलहौजी ने अपनी इस नीति के अंतर्गत सतारा, नागपुर, सम्भलपुर, झाँसी तथा बरार आदि राज्यों पर अपनी सत्ता कायम कर ली थी।

इसके बाद इन राजवंशों में अंग्रेज हुकूमत के खिलाफ असंतोष फैलता चला गया। गलत नीतियों को अपनाकर डलहौजी ने हैदराबाद तथा अवध को भी अंग्रेजी साम्राज्य के अधीन कर लिया, जबकि इन स्थानों पर पहले अंग्रेजों ने ही अराजकता फैलाई थी।

अवध पर कब्जे की तीखी प्रतिक्रिया हुई। उस समय ईस्ट इंडिया कंपनी में अवध के 7,500 सिपाही थे। अवध को एक चीफ कमिश्नर का क्षेत्र बना दिया गया। हेनरी लॉरेन्स पहला चीफ कमिश्नर नियुक्त किया गया। इसी तरह की कूटनीति के बाद पंजाब और सिंध का विलय भी अंग्रेजी साम्राज्य में कर लिया गया, जो कालांतर में विद्रोह का एक बड़ा कारण बना। पेंशनों एवं पदों की समाप्ति से भी अनेक राजाओं में असंतोष व्याप्त था। उदाहरणार्थ नाना साहब को मिलनेवाली पेंशन को डलहौजी ने बंद करवा दिया। मुगल बादशाह को लाल किला छोड़कर कुतुबमीनार के समीप किसी अन्य किले में जाने के फरमान और सिक्कों से बहादुर शाह जफर के नाम को हटाने के फैसले से जनता क्षुब्ध हो गई। कुलीनवर्गीय भारतीय तथा जमींदारों के साथ अंग्रेजों का बर्ताव बुरा था और उन्हें मिले समस्त विशेषाधिकारों को कंपनी की सत्ता ने छीन लिया था। ऐसी परिस्थितियों में इस वर्ग के लोगों के असंतोष का सामना भी कंपनी सत्ता को करना पड़ा। भारतीय सरकारी कर्मचारियों ने अंग्रेज़ों द्वारा सरकारी नौकरियों में अपनायी जानेवाली भेदभावपूर्ण नीति का विरोध करते हुए विद्रोह की आग को हवा दी। कुल मिलाकर भारतीय जनता अंग्रेजों के बर्बर प्रशासन से तंग आकर उनकी दासता से मुक्त होना चाहती थी, इसलिए 1857 की क्रांति हुई।

आर्थिक कारण

1857 की क्रांति के लिए कुछ ठोस आर्थिक कारण भी हैं। भारतीयों का धन तेजी से इंग्लैंड जा रहा था। मुक्त व्यापार ने देसी व्यापारियों की कमर तोड़ दी थी। भारत के बाजारों में बड़ी संख्या में इंग्लैंड में बने कपड़ों के आ जाने का प्रत्यक्ष कुप्रभाव यहाँ के कुटीर उद्योगों पर पड़ा, जिस कारण यहाँ के कुटीर एवं लघु उद्योग नष्ट हो गए। लाखों व्यक्ति बेरोजगार हो गए। सन् 1834-35 ई. में स्वयं गवर्नर जनरल विलियम बैंटिक ने लिखा था—"व्यापार के इतिहास में ऐसा कोई दूसरा कष्टप्रद उदाहरण नहीं। भारत का मैदान सूती कपड़ा बुननेवालों के अस्थि पंजरों से भरा हुआ है।"

विलियम बैंटिक ने अपने शासनकाल में बहुत-सी दान की हुई भूमि तथा इनाम में मिली भूमि को छीन लिया। इससे ढेर सारे भारतीय जमींदार दरिद्र एवं कंगाल हो गए। इस

तरह इन जमींदारों में भी अंग्रेजी सत्ता के खिलाफ असंतोष बढ़ता चला गया। कृषि के क्षेत्र में अंग्रेजों की गलत नीतियों के कारण भारतीय किसानों की स्थिति अत्यन्त दयनीय हो गई। अंग्रेजों द्वारा स्थापित स्थायी बंदोबस्त, रय्यतवाड़ी व्यवस्था लोगों के लिए कष्टदायक रही और लोग खिलाफ होते चले गए।

धार्मिक कारण

कहने के लिए तो ब्रिटिश सत्ता, धर्म के मामले में तटस्थ थी, मगर उसने ईसाइ धर्म के प्रचार में अपना पूर्ण सहयोग किया। ईसाइ मिशनरियों का दृष्टिकोण भारत के प्रति बेहद तिरस्कारपूर्ण था। उसका एकमात्र उद्‌देश्य भारत में अपनी सर्वोच्चता प्रदर्शित करना था। अंग्रेज अपनी नीति के अनुसार अधिकांश भारतीयों को ईसाइ बनाकर भारत में अपने साम्राज्य को सुदृढ़ करना चाहते थे। यह तथ्य कंपनी के अध्यक्ष मैगल्ज के हाउस ऑफ कॉमन्स में दिए गए एक भाषण से स्पष्ट होता है। उसने कहा था—"देवयोग से भारत का विस्तृत साम्राज्य ब्रिटेन को मिला है, ताकि ईसाइ धर्म की पताका एक छोर से दूसरे छोर तक फहरा सके। प्रत्येक व्यक्ति को शीघ्र-अतिशीघ्र समस्त भारतीयों को ईसाइ बनाने के महान कार्य को पूर्णतया संपन्न करने में अपनी समस्त शक्ति लगा देनी चहिए।" वे ईसाइ धर्म स्वीकार करनेवालों को सरकारी नौकरी, उच्च पद एवं अनेक सुविधाएँ प्रदान करते थे। सन् 1813 ई. में कंपनी के आदेश पत्र द्वारा ईसाइ पादरियों को आज्ञा प्राप्त करके भारत आने की सुविधा प्राप्त हो गई। परिणामतः बड़ी संख्या में ईसाइ पादरी भारत आए, जिनका मुख्य उद्‌देश्य ईसाइ धर्म का प्रचार करना था। परिणामतः सन् 1850 ई. में पास किए गए 'धार्मिक नियोग्यता अधिनियम' द्वारा हिंदू रीति-रिवाजों में परिवर्तन लाया गया, अर्थात् धार्मिक परिवर्तन से पुत्र अपने पिता की संपत्ति से वंचित नहीं किया जा सकता था। इस कानून का मुख्य लाभ ईसाइ बननेवालों को था। अंग्रेजों की इस नीति ने हिंदू और मुसलमान, दोनों में कंपनी के प्रति संदेह उत्पन्न कर दिया।

सामाजिक कारण

अंग्रेजों की अनेक नीतियाँ तथा काम ऐसे थे कि भारतीयों में असंतोष की भावना जन्म लेने लगी थी। अंग्रेजों को अपनी 'गोरी चमड़ी' पर बड़ा गुमान था और वे भारतीयों को 'काली चमड़ी' कहकर उनका उपहास किया करते थे। अंग्रेजों द्वारा रेल, डाक

एवं तार क्षेत्र में किए गए कार्यों को भारतीय मात्र ईसाइ धर्म के प्रचार का माध्यम समझने लगे थे। अंग्रेजों के प्रति उनके मन में विद्रोही भावना भड़क उठी। शिक्षा के क्षेत्र में अंग्रेजों ने पाश्चात्य सभ्यता, संस्कृति, भाषा एवं साहित्य के विकास पर अधिक ध्यान दिया। ऐसे समय में भारतीय सभ्यता, संस्कृति, भाषा एवं साहित्य के विकास के क्षेत्र में कंपनी द्वारा कोई विशेष प्रयास न किए जाने के कारण भारतीय बौद्धिक वर्ग अंग्रेजों के खिलाफ हो गया। अंग्रेजों द्वारा लगान वसूली में कठोर रवैये को लेकर भी लोगों में गुस्सा था।

सैनिक असंतोष

1857 की क्रांति में सैन्य असंतोष की भूमिका को नकारा नहीं जा सकता। सेना में प्रथम धार्मिक विरोध सन् 1806 में वेल्लोर में तब हुआ था, जब विलियम बैंटिक द्वारा माथे पर तिलक लगाने और पगड़ी पहनने पर रोक लगाई गई थी। डलहौजी के समय भी सैनिक विद्रोह हो चुके थे, जिनमें सन् 1849 में 22वें एनआई का विद्रोह, सन् 1850 में 66वें एनआई का विद्रोह और सन् 1852 में 38वें एनआई का विद्रोह प्रमुख थे। मौलाना अबुल कलाम आजाद लिखते हैं, “अवध के विलय ने सेना में साधारणतः और बंगाल सेना में विशेषतः विद्रोही भावना का संचार किया।”

सन् 1824 ई. में बैरकपुर में सैनिकों ने समुद्र पार जाने से इनकार कर दिया, जिसके कारण बर्मा रेजीमेंट को भंग कर दिया गया था। सन् 1857 ई. में कैनिंग द्वारा पारित ‘सामान्य सेवा भर्ती अधिनियम’ के अंतर्गत सैनिकों को सरकार जहाँ चाहे वहाँ काम करने भेज सकती थी। सन् 1854 ई. के ‘डाकघर अधिनियम’ में सैनिकों की निःशुल्क डाक सुविधा समाप्त कर दी गई। सैन्य असंतोष के इसी वातावरण में चर्बीयुक्त एनफील्ड राइफलों के प्रयोग के आदेश ने आग में घी का कार्य किया और यह सैनिकों के विद्रोह के लिए तात्कालिक कारण सिद्ध हुआ।

29 मार्च, 1857 को मंगल पांडे नामक एक सैनिक ने ‘बैरकपुर छावनी’ में अपने अफसरों के विरुद्ध विद्रोह कर दिया, लेकिन ब्रिटिश सैन्य अधिकारियों ने इस सैनिक विद्रोह को सरलता से नियंत्रित कर लिया और साथ ही उसकी बटालियम ‘34 एनआई’ को भंग कर दिया। 24 अप्रैल को 3 एलसी परेड, मेरठ में 90 घुड़सवारों में से 85 सैनिकों ने नये कारतूसों को लेने से इनकार कर दिया। आज्ञा की अवहेलना के कारण इन 85 घुडसवारों को कोर्ट मार्शल द्वारा 5 वर्ष का कारावास दिया गया। ‘खुला विद्रोह’ 10 मई को रविवार

के दिन सायंकाल 5 से 6 बजे के मध्य प्रारंभ हुआ। सर्वप्रथम पैदल टुकड़ी '20 एनआई' में विद्रोह की शुरुआत हुई। इसके बाद दूसरे इलाकों में भी विद्रोह फैल गया। इन विद्रोहियों ने अपने अधिकारियों के ऊपर गोलियाँ चलाईं।

विद्रोह का प्रसार

11 मई को मेरठ के क्रांतिकारी सैनिकों ने दिल्ली पहुँचकर 12 मई को दिल्ली पर अधिकार कर लिया। इन सैनिकों ने मुगल बादशाह बहादुर शाह द्वितीय को दिल्ली का सम्राट घोषित कर दिया। शीघ्र ही विद्रोह लखनऊ, इलाहाबाद, कानपुर, बरेली, बनारस, बिहार तथा झाँसी में भी फैल गया। अंग्रेजों ने पंजाब से सेना बुलाकर सबसे पहले दिल्ली पर अधिकार किया। 21 सितंबर, 1857 ई. को दिल्ली को अंग्रेजों ने फिर से अधिकार में ले लिया, परंतु संघर्ष में जॉन निकोलसन मारा गया और लेफ्टिनेंट हडसन ने धोखे से बहादुर शाह द्वितीय के दो पुत्रों मिर्जा मुगल और मिर्जा ख्वाजा सुल्तान एवं एक पोते मिर्जा अबूबक्र को गोली मरवा दी।

लखनऊ में विद्रोह की शुरुआत 4 जून, 1857 ई. को हुई। वहाँ के क्रांतिकारी सैनिकों द्वारा ब्रिटिश रेजीडेन्सी के घेराव के उपरान्त ब्रिटिश रेजिडेंट हेनरी लॉरेन्स की मृत्यु हो गई। हैवलॉक और आउट्रम ने लखनऊ में विद्रोह को दबाने का भरकस प्रयत्न किया, परंतु वे असफल रहे। अंततः कॉलिन कैम्पवेल ने गोरखा रेजिमेंट के सहयोग से मार्च 1858 में शहर पर अधिकार कर लिया। वैसे यहाँ इस क्रांति का प्रभाव सितंबर तक रहा।

तार पर गुस्सा

जब अंग्रेजों ने इस देश में टेलीग्राम की सेवा शुरू की तो भारत में लोगों को इसकी अहमियत पता नहीं थी, लेकिन 1857 के विद्रोह के दौरान तार सेवा ने अंग्रेजों को बहुत लाभ पहुँचाया। शुरुआती दिनों में ईस्ट इंडिया कंपनी ने तार का इस्तेमाल अपने सिपाहियों को खबर करने के लिए किया। फिर मौत की खबर देने के लिए इनका इस्तेमाल होता रहा। भारतीय डाक-तार सेवा के इतिहास पर शोध करनेवाले अरविंद कुमार भी मानते हैं कि 1857 के विद्रोह के वक्त अंग्रेजों के टेलीग्राफ विभाग की असल परीक्षा हुई। जब विद्रोहियों ने अंग्रेजों को जगह-जगह मात देनी शुरू कर दी थी तो अंग्रेज़ों के लिए तार ऐसा सहारा था, जिसके जरिये वे सेना की मौजूदगी, विद्रोह की

खबरें, रसद की सूचनाएँ और अपनी व्यूह-रचना सैकड़ों मील दूर बैठे अपने कमांडरों के साथ साझा कर सकते थे। कुछ इतिहासकारों ने भी माना है कि तार की वजह से बगावत दबाने में अंग्रेजों को काफी मदद मिली। एक तरफ भारतीय क्रांतिकारी खबरें भेजने के लिए अपने किसी न किसी साथी को लगाते थे, वहीं अंग्रेजों के पास बंदूकों के अलावा सबसे बड़ा हथियार था—तार, जो मिनटों में सैकड़ों मील की दूरी तय करता था। इस वजह से अंग्रेज़ों का टेलीग्राफ विभाग भी क्रांतिकारियों के निशाने पर आ गया था।

दिल्ली, कानपुर, लखनऊ, इंदौर जैसी जगहों पर क्रांतिकारियों ने तार लाइनें ध्वस्त कर दीं और वहाँ काम कर रहे अंग्रेज कर्मचारियों को मार डाला। मेरठ समेत कई जगहों पर क्रांतिकारियों ने तार के खंभों को उखाड़ फेंका। कुछ जगह तार गोलियाँ बनाने के काम आए। स्थानीय लोहारों ने तार खंभों का इस्तेमाल तोप बनाने तक में किया। 918 मील लंबी तार की लाइनें तोड़ दी गई थीं। अरविंद कुमार सिंह बताते हैं, "बिहार के सासाराम और आरा, इलाहाबाद और अलीगढ़ में इन्हें उखाड़कर तोप की तरह इस्तेमाल किया गया। दिल्ली में क्रांतिकारियों ने राइफल के कुंदों से तार मशीनें ही तोड़ दी थीं।"

1857 के नायक

क्रांति का वह दौर नायकों का दौर था। जो आगे बढ़े, वे पूजे गए। जो पीछे हटे, उन्हें तिरस्कार मिला। अंग्रेजों से मिल जानेवाले कई चेहरे बेनकाब हुए और कई गुमनाम चेहरों ने इतिहास रच डाला।

मंगल पांडेय

मंगल पांडेय का जन्म 19 जुलाई, 1827 को उत्तर प्रदेश के बलिया में एक ब्राह्मण परिवार में हुआ था। वह पहले ईस्ट इंडिया कंपनी में एक सैनिक के तौर पर भर्ती हुए थे, लेकिन ब्रिटिश अफसरों की भारतीयों के प्रति क्रूरता को देखकर उन्होंने अंग्रेजों के खिलाफ मोर्चा खोल दिया। अंग्रेज अधिकारियों द्वारा भारतीय सैनिकों पर अत्याचार तो हो ही रहा था, लेकिन हद तब हो गई, जब भारतीय सैनिकों को ऐसी बंदूकें दी गईं, जिनमें कारतूस भरने के लिए दाँतों से काटकर खोलना पड़ता था। इस नई एनफील्ड

बंदूक की नली में बारूद को भरकर कारतूस डालना पड़ता था। वह कारतूस, जिसे दाँत से काटना होता था, उसके ऊपरी हिस्से पर चर्बी होती थी। उस समय भारतीय सैनिकों में यह बात फैली कि कारतूस की चर्बी सुअर और गाय के मांस से बनाई गई है। ये बंदूकें 9 फरवरी, 1857 को सेना को दी गईं। इस्तेमाल के दौरान जब कारतूस को मुँह लगाने के लिए कहा गया तो मंगल पांडेय ने ऐसा करने से मना कर दिया। उसके बाद अंग्रेज अधिकारी गुस्सा हो गए। 29 मार्च, 1857 को कलकत्ता के पास बैरकपुर परेड मैदान में 34वीं बीएनआई के 29 वर्षीय मंगल पांडेय ने ईस्ट इंडिया कंपनी की हालिया कार्रवाइयों से नाराज होकर घोषणा की कि वह अपने कमांडरों के खिलाफ विद्रोह करेंगे। पांडेय के व्यवहार के बारे में अधिकारियों को सूचना मिल गई। सार्जेंट-मेजर जेम्स हेसन जाँच करने आए, मंगल पांडेय ने उस पर गोली दाग दी। भगदड़ मची। अलार्म बजा। जब उनके सहायक लेफ्टिनेंट हेनरी बॉघ भगदड़ की जाँच करने के लिए बाहर आए तो पांडेय ने उन पर भी गोलियाँ चलाईं।

जनरल जॉन हर्सी जाँच करने के लिए परेड ग्राउंड में आए। आधिकारिक बयान यह आया कि मंगल पांडेय एक किस्म के धार्मिक उन्माद में हैं। उन्होंने भारतीय कमांडर जमादार ईश्वरी प्रसाद को मंगल पांडेय को गिरफ्तार करने का आदेश दिया, लेकिन जमादार ने इनकार कर दिया। अन्य सिपाहियों ने भी मंगल पांडेय के खिलाफ कुछ नहीं किया। शेख पलटू नामक एक सैनिक ने पांडेय को रोक लिया। इसके बाद मंगल पांडेय ने छाती पर बंदूक रखकर और अपने पैर के अँगूठे से ट्रिगर खींचकर अपनी जान लेने की कोशिश की। वह केवल खुद को घायल करने में कामयाब रहे। 6 अप्रैल को उनका कोर्ट मार्शल हुआ और 2 दिन बाद उन्हें फाँसी दे दी गई। जमादार ईश्वरी प्रसाद को फाँसी की सजा सुनाई गई और 21 अप्रैल को फाँसी दे दी गई। रेजिमेंट को भंग कर दिया गया। शेख पलटू को बंगाल सेना में हवलदार के पद पर पदोन्नत कर दिया गया था, लेकिन कुछ दिन बाद ही उसकी हत्या कर दी गई।

मंगल पांडेय ने अंग्रेजों के खिलाफ बैरकपुर में जो बिगुल फूँका था, वह जंगल की आग की तरह फैलने लगा। विद्रोह की चिंगारी पूरे उत्तर भारत में फैल गई। इतिहासकारों का कहना है कि विद्रोह इतना तेजी से फैला था कि मंगल पांडेय को फाँसी 18 अप्रैल को होनी थी, लेकिन 10 दिन पहले 8 अप्रैल को ही दे दी गई। ऐसा कहा जाता है कि बैरकपुर छावनी के सभी जल्लादों ने मंगल पांडेय को फाँसी देने से इनकार कर दिया था। फाँसी देने के लिए बाहर से जल्लाद बुलाये गए थे। ढेर सारे इतिहासकार मानते हैं कि 1857 की क्रांति की शुरुआत मंगल पांडेय के विद्रोह से हुई थी।

बाबा शाहमल

1857 के संग्राम में अपने आस-पड़ोस के 84 गाँवों के हजारों किसानों को हथियार उठाने के लिए प्रेरित करनेवाले समृद्ध जमींदार शाहमल का नाम भी नायकों की कतार में आदर के साथ लिया जाता है।

बाबा शाहमल जाट (तोमर) बागपत जिले में बिजरौल गाँव के एक साधारण, परंतु आजादी के दीवाने क्रांतिकारी किसान थे। वे मेरठ और दिल्ली समेत आस-पास के इलाके में बेहद लोकप्रिय थे। गुलामी की जंजीरों को तोड़ने के लिए इस महान व्यक्ति ने लंबे अरसे तक अंग्रेजों को चैन से नहीं सोने दिया था।

अंग्रेज हुकूमत से पहले इस इलाके में बेगम समरू राज्य करती थीं। बेगम के राजस्व मंत्री ने यहाँ के किसानों के साथ बड़ा अन्याय किया था। यह क्षेत्र सन् 1836 में अंग्रेजों के अधीन आ गया था। अंग्रेज अधिकारी प्लाउड ने मालगुजारी की दर को बढ़ा दिया। पैदावार अच्छी थी और इलाके के किसान मेहनती थे, इसलिए बढ़ी हुई मालगुजारी भी देकर खेती करते रहे, लेकिन खेती के बंदोबस्त और बढ़ी मालगुजारी दर से किसान क्षुब्ध थे। 1857 की क्रांति ने सबको मौका दिया।

बाबा शाहमल का गाँव बिजरौल काफी बड़ा था। 1857 की क्रांति के समय इस गाँव में दो पट्टियाँ थीं। उस समय शाहमल एक पट्टी का नेतृत्व करते थे। शाहमल की क्रांति प्रारंभ में स्थानीय स्तर की थी, परंतु समय पाकर विस्तार पकड़ती गई। शाहमल के मुख्य सिपहसालार बगुता और सज्जा थे।

10 मई को मेरठ से शुरू विद्रोह की लपटें इलाके में फैल गईं। शाहमल ने जहानपुर के गुर्जरों को साथ लेकर बड़ौत तहसील पर चढ़ाई कर दी। उन्होंने तहसील के खजाने को लूट कर उसकी अमानत को बरबाद कर दिया। मई और जून में आस-पास के गाँवों में उनकी धाक जम गई। फिर मेरठ से छूटे हुए कैदियों ने उनकी फौज को बड़ा कर दिया। उनके प्रभुत्व और नेतृत्व को देख कर दिल्ली दरबार से उन्हें सूबेदारी मिली।

12 व 13 मई, 1857 को बाबा शाहमल ने सर्वप्रथम साथियों समेत बंजारा व्यापारियों पर आक्रमण कर काफी संपत्ति कब्जे में ले ली और बड़ौत तहसील तथा पुलिस चौकी पर हमला बोल कर तोड़फोड़ व लूटपाट की। दिल्ली के क्रांतिकारियों की उन्होंने बड़ी मदद की। क्रांति के प्रति अगाध प्रेम और समर्पण की भावना ने जल्द ही उनको क्रांतिवीरों का सूबेदार बना दिया। शाहमल ने बिलोचपुरा के एक बलूची नवी बख्श के पुत्र अल्लादिया को अपना दूत बना कर दिल्ली भेजा, जिससे अंग्रेजों के विरुद्ध

लड़ने के लिए मदद और सैनिक मिल सकें। बागपत के थानेदार वजीर खाँ ने भी इसी उद्‌देश्य से बादशाह बहादुर शाह को अर्जी भेजी। बागपत के नूर खाँ के पुत्र मेहताब खाँ से भी उनका संपर्क था। इन सभी ने शाहमल को बादशाह के सामने पेश करते हुए कहा कि वह क्रांतिकारियों के लिए बहुत सहायक हो सकते हैं। ऐसा ही हुआ। शाहमल ने न केवल अंग्रेजों के संचार साधनों को ठप कर दिया, बल्कि अपने इलाके से दिल्ली के लिए क्रांतिवीरों को भेजने में भी जुटे रहे। अपनी बढ़ती फौज की ताकत से शाहमल ने बागपत के नजदीक यमुना पर बने पुल को नष्ट कर दिया। उनकी इन सफलताओं से उन्हें 84 गाँवों का आधिपत्य मिल गया। इस प्रकार वह एक छोटे किसान से बड़े क्षेत्र के अधिपति बन गए। जुलाई 1857 में शाहमल की अगुआई में प्राचीन तलवारें और भालों से लैस करीब 3,500 किसानों ने घुड़सवारों, पैदल सेना और तोपखाना रेजिमेंट से लैस ईस्ट इंडिया कंपनी के ब्रिटिश सैनिकों के साथ संघर्ष किया। इस लड़ाई में जमींदार की मौत हो गई। इस घटना के बाद शाहमल की अहमियत काफी बढ़ गई। उनकी बहादुरी के किस्से देश के दूसरे हिस्सों में लोगों तक पहुँचे। अब विद्रोह उत्तर भारत के अन्य राज्यों में भी फैल चुका था, 'शाहमल अमर रहें' का उद्‌घोष हो रहा था।

रानी लक्ष्मीबाई

अंग्रेजों के कैप्टन रॉड्रिक ब्रिग्स ने रानी लक्ष्मीबाई को अपनी आँखों से लड़ाई के मैदान में लड़ते हुए देखा था—"उन्होंने घोड़े की रस्सी अपने दाँतों से दबाई हुई थी। वह दोनों हाथों से तलवार चला रही थीं और एक साथ दोनों तरफ से वार कर रही थीं।"

रॉड्रिक से पहले एक अन्य अंग्रेज जॉन लैंग को भी रानी लक्ष्मीबाई को नजदीक से देखने का मौका मिला था, लेकिन लड़ाई के मैदान में नहीं, उनकी हवेली में। जब दामोदर के गोद लिये जाने को लेकर अंग्रेजों ने अवैध घोषित कर दिया तो रानी लक्ष्मीबाई को झाँसी का अपना महल छोड़ना पड़ा था। रानी ने वकील जॉन लैंग की सेवाएँ ली थीं। लैंग का जन्म ऑस्ट्रेलिया में हुआ था और वह मेरठ में एक अखबार 'मुफुस्सलाइट' निकाला करते थे। बाद में इस घटना पर रेनर जेरॉस्च ने एक किताब लिखी—'द रानी ऑफ झाँसी, रेबेल अगेंस्ट विल।' किताब में रेनर जेरॉस्च ने जॉन लैंग की तरफ से रानी के बारे में लिखा है, "रानी मध्यम कद की मजबूत महिला थीं। उनकी आँखें बहुत सुंदर थीं। उनका रंग बहुत गोरा नहीं था। उन्होंने एक भी जेवर नहीं पहन रखा था, सिवाय सोने की बालियों के। उन्होंने सफेद मलमल की साड़ी पहन रखी थी।"

उस लड़ाई में भाग ले रहे जॉन हेनरी सिलवेस्टर ने अपनी किताब 'रिकलेक्शन्स ऑफ द कैंपेन इन मालवा एंड सेंट्रल इंडिया' में लिखा है, "अचानक रानी जोर से चिल्लाईं, "मेरे पीछे आओ।" 15 घुड़सवारों का एक जत्था उनके पीछे हो गया। वह लड़ाई के मैदान से इतनी तेजी से हटीं कि अंग्रेज सैनिकों को इसे समझ पाने में समय लग गया। तभी कैप्टन रॉड्रिक ने अपने सैनिकों से चिल्ला कर कहा, "दैट्स द रानी ऑफ झाँसी, कैच हर।" रानी और उनके साथियों ने एक मील का ही सफर तय किया था कि कैप्टन रॉड्रिक के घुड़सवार उनके ठीक पीछे आ पहुँचे। जगह थी कोटा की सराय। लड़ाई नये सिरे से शुरू हुई। रानी के एक सैनिक के मुकाबले में औसतन दो ब्रिटिश सैनिक लड़ रहे थे। आखिर रानी बुरी तरह घायल हो गईं। एक अंग्रेज सैनिक, जिसे वह देख नहीं पाई थीं, ने उनके सीने में संगीन भोंक दी। फिर भी वह लड़ती रहीं। बाद में उनके सैनिक उन्हें पास के एक मंदिर में लेकर गए, जहाँ उन्होंने दम तोड़ दिया। मंदिर के पुजारियों और उनके वफादार सैनिकों ने वहीं उनका अंतिम संस्कार कर दिया, क्योंकि रानी ने कहा था—"मेरी लाश अंग्रेजों के हाथ नहीं लगनी चाहिए।"

एंटोनिया फ्रेजर ने रानी की वीरता पर अपनी पुस्तक 'द वॉरियर क्वीन' में लिखा है, "एक अंग्रेज, रानी के घोड़े की बगल में पहुँच चुका था। उसने रानी पर वार करने के लिए अपनी तलवार ऊपर उठाई। रानी ने भी उसका वार रोकने के लिए दाहिने हाथ में पकड़ी अपनी तलवार ऊपर की, लेकिन उस अंग्रेज की तलवार उनके सिर पर इतनी जोर से लगी कि उनका माथा फट गया और वह निकलनेवाले खून से लगभग अंधी हो गईं। तब भी रानी ने अपनी पूरी ताकत लगा कर उस अंग्रेज सैनिक पर जवाबी वार किया, लेकिन वह सिर्फ उसके कंधे को ही घायल कर पाईं। रानी घोड़े से नीचे गिर गई थीं। तभी उनके एक सैनिक ने अपने घोड़े से कूद कर उन्हें अपने हाथों में उठा लिया और पास के एक मंदिर में ले गया। रानी तब तक जीवित थीं।" इस लड़ाई में लड़ रहे कैप्टन क्लेमेंट वॉकर हेनीज ने बाद में रानी के अंतिम क्षणों का वर्णन करते हुए लिखा है, "गजब की साहसी महिला थी वह।"

तात्या टोपे

आज भी जब इस स्वतंत्रता संग्राम का जिक्र किया जाता है तो तात्या टोपे का नाम जरूर आता है। तात्या टोपे ने न सिर्फ अंग्रेजों की नाक में दम कर रखा था, बल्कि उन्होंने झाँसी की रानी लक्ष्मीबाई सहित कई राजाओं की मदद भी की थी।

भारत के इस महान स्वतंत्रता सेनानी का जन्म महाराष्ट्र राज्य के एक छोटे-से गाँव येवला में हुआ था। यह गाँव नासिक के निकट पटौदा जिले में स्थित है। उनका असली नाम रामचंद्र पांडुरंग येवलकर था और वह एक ब्राह्मण परिवार से आते थे। उनके पिता का नाम पांडुरंग त्र्यंबक भट्ट था, जो कि महान राजा पेशवा बाजीराव द्वितीय के दरबार में गृह सभा के कार्यों को सँभालते थे। भट्ट, पेशवा बाजीराव द्वितीय के बेहद खास लोगों में से एक थे। तात्या की माता का नाम रुक्मिणी बाई था और वह एक गृहिणी थीं।

अंग्रेजों ने भारत में अपना साम्राज्य फैलाने के मकसद से उस समय के कई राजाओं से उनके राज्य छीन लिए थे। अंग्रेजों ने पेशवा बाजीराव द्वितीय से भी उनका राज्य छीनने की कोशिश की थी, लेकिन पेशवा बाजीराव द्वितीय ने अंग्रेजों के सामने घुटने टेकने की जगह उनसे युद्ध लड़ना उचित समझा। हालाँकि इस युद्ध में पेशवा की हार हुई और अंग्रेजों ने उनसे उनका राज्य छीन लिया था। इतना ही नहीं, अंग्रेजों ने पेशवा बाजीराव द्वितीय को उनके राज्य से निकाल दिया और उन्हें कानपुर के बिठूर गाँव में भेज दिया। सन् 1818 में हुए उस युद्ध में हार का सामने करनेवाले बाजीराव द्वितीय को अंग्रेजों द्वारा हर साल 8 लाख रुपये पेंशन के तौर पर मिला करते थे। कहते हैं कि बिठूर में जाकर बाजीराव द्वितीय ने अपना सारा समय पूजा-पाठ में लगा दिया। वहीं तात्या के पिता भी अपने पूरे परिवार सहित बाजीराव द्वितीय के साथ बिठूर में जाकर रहने लगे। जिस वक्त तात्या के पिता उनको बिठूर लेकर गए थे, उस वक्त तात्या की आयु महज 4 वर्ष थी।

तात्या जब बड़े हो गए तो पेशवा ने उन्हें अपने यहाँ बतौर मुंशी रख लिया। इस पद को तात्या ने बखूबी सँभाला। इस पद पर रहते हुए उन्होंने अपने राज्य के एक भ्रष्टाचारी कर्मचारी को पकड़ा। तात्या के इस काम से खुश होकर पेशवा ने उन्हें अपनी एक टोपी देकर सम्मानित किया और इस सम्मान में दी गई टोपी के कारण उनका नाम तात्या टोपे पड़ गया। उन्हें रामचंद्र पांडुरंग की जगह 'तात्या टोपे' कहा जाने लगा।

अंग्रेजों द्वारा हर साल पेशवा को 8 लाख रुपये पेंशन के रूप में दिए जाते थे, लेकिन जब उनकी मृत्यु हो गई तो अंग्रेजों ने उनके परिवार को यह पेंशन देना बंद कर दिया। इतना ही नहीं, उन्होंने उनके गोद लिये पुत्र नाना साहेब को उनका उत्तराधिकारी मानने से भी इनकार कर दिया। अंग्रेजों द्वारा लिये गए इस निर्णय से नाना साहेब और तात्या काफी नाराज थे और यहीं से उन्होंने अंग्रेजों के खिलाफ रणनीति बनाना शुरू कर दिया। सन् 1857 में जब देश में स्वतंत्रता संग्राम शुरू होने लगा तो इन दोनों ने इस संग्राम

में हिस्सा लिया। नाना साहेब ने तात्या टोपे को अपनी सेना की जिम्मेदारी देते हुए उनको अपनी सेना का सलाहकार मनोनीत किया। जब ब्रिगेडियर जनरल हैवलॉक की अगुआई में अंग्रेजों ने सन् 1857 में कानुपर पर हमला किया तो नाना ज्यादा समय तक अंग्रेजों से सामना नहीं कर पाए और उनकी हार हो गई। हालाँकि इस हमले के बाद भी नाना साहेब और अंग्रेजों की बीच कई अन्य युद्ध हुए, लेकिन उन सभी युद्धों में नाना की हार ही हुई। नाना ने कुछ समय बाद कानपुर को छोड़ दिया और वह अपने परिवार के साथ नेपाल जाकर रहने लगे। कहा जाता है कि नेपाल में ही उन्होंने अंतिम सांस ली थी।

वहीं अंग्रेजों के साथ हुए युद्ध में पराजय मिलने के बाद भी तात्या टोपे ने हार नहीं मानी और उन्होंने अपनी खुद की एक सेना का गठन किया। तात्या ने अपनी सेना की मदद से कानपुर को अंग्रेजों के कब्जे से छुड़ाने के लिए रणनीति तैयार की, लेकिन हैवलॉक ने बिठूर पर भी अपनी सेना की मदद से धावा बोल दिया। इस हमले में एक बार फिर तात्या की हार हुई, लेकिन तात्या अंग्रेजों के हाथ नहीं लगे और वहाँ से भागने में कामयाब हो गए। तात्या टोपे जैसे चतुर और महान व्यक्ति को पकड़ना इतना आसान नहीं था। तात्या ने लंबे समय तक अंग्रेजों को परेशान करके रखा।

कई इतिहासकारों का मानना है कि तात्या को फाँसी दी गई थी। वहीं कई पुराने सरकारी दस्तावेजों के अनुसार, तात्या को फाँसी नहीं दी गई थी। एक कहानी यह भी है कि तात्या जिस वक्त पाड़ौन के जंगलों में आराम कर रहे थे, उस वक्त ब्रिटिश सेना ने उन्हें पकड़ लिया था। नरवर के राजा मानसिंह द्वारा अंग्रेजों को तात्या के होने की सूचना दी गई थी। वहीं तात्या को पकड़ने के बाद उन पर एक मुकदमा चलाया गया और इस मुकदमे में उन्हें दोषी पाते हुए फाँसी की सजा सुनाई गई थी, जिसके बाद 18 अप्रैल, 1859 को उन्हें सूली पर चढ़ा दिया गया था।

दूसरी कहानी यह है कि तात्या कभी भी अंग्रेजों के हाथ नहीं लगे थे और उन्होंने अपनी अंतिम सांस गुजरात राज्य में सन् 1909 में ली थी। तात्या ने राजा मानसिंह के साथ मिलकर एक रणनीति तैयार की थी, जिसके चलते अंग्रेजों ने किसी दूसरे व्यक्ति को तात्या समझकर पकड़ लिया था और उसको फाँसी दे दी थी। तात्या के जिंदा होने के सुबूत समय-समय पर मिलते रहे हैं और तात्या टोपे के भतीजे ने भी इस बात को स्वीकार किया है कि तात्या को कभी भी फाँसी नहीं दी गई थी।

तात्या टोपे द्वारा किए गए संघर्ष को भारत सरकार द्वारा भी याद रखा गया और उनके सम्मान में भारत सरकार ने एक डाक टिकट जारी किया था।

बहादुर शाह जफर

जुलाई 1858 तक क्रांति को सभी स्थानों पर दबा दिया गया। रानी लक्ष्मीबाई एवं तात्या टोपे ने विद्रोह में महत्त्वपूर्ण भूमिका का निर्वाह किया। इलाहाबाद की कमान मौलवी लियाकत अली ने सँभाली थी। कर्नल नील ने वहाँ के विद्रोह को समाप्त कर दिया। 20 सितंबर, 1857 को हुमायूँ के मकबरे में शरण लिये हुए बहादुर शाह द्वितीय को पकड़ लिया गया। उन पर मुकदमा चला तथा उन्हें बर्मा (रंगून) निर्वासित कर दिया गया, जहाँ उन्होंने अंतिम सांस ली।

क्या कहते हैं इतिहासकार

इतिहासकार जॉन लोरेंस ने सन् 1857 की क्रांति को महज सैनिक विद्रोह माना था और इसका कारण चर्बी वाले कारतूस को बताया। प्रो. पी. रॉबर्ट्स ने भी इसे सैनिक विद्रोह ही माना है। एडवर्ड थॉमसन और जी.टी. गैरेर (ब्रिटिश इतिहासकार) ने भी इसे संगठित राष्ट्रीय आंदोलन मानने से इनकार किया है। इन इतिहासकारों का विचार था कि 1857 की क्रांति सैनिक विद्रोह मात्र ही था। उन्होंने यह तर्क पेश किया कि योग्य नेतृत्व एवं जनता के असहयोग के कारण 1857 की क्रांति, जनक्रांति न बन सकी। यह महज भारतीय सिपाहियों का विद्रोह था, जिसमें कंपनी से असंतुष्ट कुछ देसी राजा आ मिले थे, जिन्होंने विद्रोह में साथ दिया। दूसरी ओर, कुछ इतिहासकारों ने 1857 की क्रांति को सामन्तवादी प्रतिक्रिया बतलाया है। उनके अनुसार, डलहौजी की साम्राज्यवादी नीति से अनेक देसी राजाओं को अपनी रियासत और विशेषाधिकारों को छोड़ना पड़ा था। इससे उनमें भारी असंतोष छा गया। उन्होंने अंग्रेजों से बदला लेने की ठान ली। इसी समय उन्हें कारतूस वाली घटना का समाचार मिला और उन्होंने विद्रोही सैनिकों का साथ देना शुरू कर दिया। यही कारण था कि अवध के भूतपूर्व शासक अहमद याह्या, नाना साहेब का भतीजा राव साहेब एवं उनके साथ तात्या टोपे तथा अजीमुल्ला खाँ, झाँसी की रानी लक्ष्मीबाई, जगदीशपुर (शाहबाद) के राजपूत सरदार बाबू कुँवर सिंह, जिनकी जमींदारी राजस्व बोर्ड द्वारा छीन ली गई थी तथा पदच्युत अंतिम मुगल बादशाह बहादुर शाह जफर, जिन्हें कंपनी के चलते काफी नुकसान सहना पड़ा था, ये सब मैदान में आ गए। इसलिए कुछ इतिहासकार 1857 की क्रांति को आंशिक रूप में सामन्तवादी प्रतिक्रिया मानते रहे हैं।

जेम्स ऑर्टम के दृष्टिकोण से यह आंदोलन भारतीय मुसलमानों का षड्यंत्र था। अंग्रेजों के भारत आने से सबसे बड़ा नुकसान मुसलमानों को हुआ था। अंग्रेजों ने मुगलों से राजनीतिक सत्ता छीन ली थी। अंग्रेज भारत में सर्वोच्च सत्ता प्राप्त कर चुके थे और मुगल बादशाह बहादुर शाह अपनी खोई सत्ता को प्राप्त करना चाहते थे। रणनीति के तहत उन्होंने अंग्रेजों से असंतुष्ट हिंदू नरेशों एवं पदाधिकारियों को अपनी ओर मिला लिया था, लेकिन इस क्रांति में देश के एक तिहाई मुसलमानों ने ही भाग लिया था। वास्तविकता तो यह है कि झाँसी की रानी, नाना साहेब, कुँवर सिंह, अवध के ताल्लुकेदारों आदि ने क्रांति में जबरदस्त भागीदारी दिखाए। खूब लड़े वे, इसलिए क्रांति का संबंध किसी संप्रदाय विशेष से नहीं था।

ढेर सारे आधुनिक इतिहासकारों ने 1857 की क्रांति को राष्ट्रीय आंदोलन माना है। उनके मतानुसार, भले ही यह एक सुनियोजित लड़ाई न हो, किंतु अपने उदेश्यों, कार्यों एवं परिणामों में यह राष्ट्रीय संग्राम के निकट ही था। इस लड़ाई ने विद्रोह का राजनीतिक रूप उस समय धारण कर लिया, जब मेरठ के विद्रोहियों ने मुगल बादशाह बहादुर शाह के नेतृत्व में क्रांति का संचालन करना मान लिया। अवध में यह विद्रोह एक राष्ट्रीय युद्ध का रूप ले चुका था। सेठों और साहूकारों ने आरंभ में क्रांतिकारियों को बड़ी आर्थिक सहायता की। भारतीय जनता ने भी यथासंभव क्रांति में भाग लिया। सभी दिल से यही चाहते थे कि देश में अंग्रेजी शासन का अंत हो जाए। सन् 1857 का विद्रोह जिस तेजी के साथ फैला, उससे यही निष्कर्ष निकलता है कि क्रांति में जनता सक्रिय थी। कानपुर के मजदूरों ने अंग्रेजों के लिए काम करना बंद कर दिया था। ऐसे कई उदाहरण हैं।

साफ है कि सन् 1857 की क्रांति के पीछे जनता भी सक्रिय थी। हालाँकि क्रांति का स्वरूप आरंभ से अंत तक सामन्तवादी रहा। लेकिन हमें यह नहीं भूलना चाहिए कि वह युग ही सामन्ती था और सामन्त सरदार ही उस समय के समाज के नेता थे। इसलिए यह तो कहा ही जा सकता है कि भारतीय स्वतंत्रता के प्राप्त करने का यह प्रथम सशस्त्र संग्राम था।

सांस्कृतिक इतिहासकार सुमन्ता बनर्जी ने अपनी पुस्तक 'इन द वेक ऑफ नक्सलबाड़ी' में लिखा है कि सन् 1857 के विद्रोह का एक महत्त्वपूर्ण घटक समूचे उत्तर भारत में हजारों किसानों का स्वैच्छिक रूप से विद्रोह में भाग लेना था।

वैगनर विलियम डेलरिम्पल की 'द लास्ट मुगल : द फॉल ऑफ ए डायनेस्टी' में 1857 विद्रोह के महत्त्व पर प्रकाश डाला गया है। डेलरिम्पल ने इस विद्रोह में धर्म की भूमिका पर जोर दिया है। जुलाई 1857 में हाउस ऑफ कॉमन्स में बोलते हुए बेंजामिन डिजरायली

ने इसे 'राष्ट्रीय विद्रोह' करार दिया था, जबकि प्रधानमंत्री पामर्स्टन ने इस घटना के दायरे और महत्त्व को 'मात्र सैन्य विद्रोह' के रूप में बताते हुए कम करने की कोशिश की थी।

इस बहस को प्रतिबिम्बित करते हुए विद्रोह के एक प्रारंभिक इतिहासकार चार्ल्स बॉल ने अपने शीर्षक में विद्रोह शब्द का प्रयोग जरूर किया, लेकिन अंदर अपने लेखों और पाठ में 'लोगों के रूप में स्वतंत्रता और स्वतंत्रता के लिए संघर्ष' ही माना।

1857 क्रांति के परिणाम

1857 की इस महान क्रांति के दूरगामी परिणाम रहे, अपने देश में भी और अंग्रेजों के देश में भी। अंग्रेजों ने कुछ सुधार के वादे किए। कंपनी का कद घटा और सबसे बड़ी बात कि अपने देश की आम जनता में स्वाभिमान का भाव उठा। कुछ महत्त्वपूर्ण बिंदु—

1. विद्रोह के समाप्त होने के बाद सन् 1858 ई. में ब्रिटिश संसद ने एक कानून पारित कर ईस्ट इंडिया कंपनी के अस्तित्व को समाप्त कर दिया और भारत पर शासन का पूरा अधिकार महारानी विक्टोरिया के हाथों में चला गया।
2. इंग्लैंड में सन् 1858 ई. के अधिनियम के तहत एक 'भारतीय राज्य सचिव' की व्यवस्था की गई, जिसकी सहायता के लिए 15 सदस्यों की एक 'मंत्रणा परिषद्' बनाई गई। इन 15 सदस्यों में 8 की नियुक्ति सरकार द्वारा करने तथा 7 की 'कोर्ट ऑफ डायरेक्टर्स' द्वारा चुनने की व्यवस्था की गई।
3. स्थानीय लोगों को उनके गौरव एवं अधिकारों को पुनः वापस करने की बात कही गई। भारतीय नरेशों को महारानी विक्टोरिया ने अपनी ओर से समस्त संधियों के पालन करने का आश्वासन दिया, लेकिन साथ ही नरेशों से भी उसी प्रकार के पालन की आशा की। अपने राज्य क्षेत्र के विस्तार की अनिच्छा की अभिव्यक्ति के साथ-साथ उन्होंने अपने राज्य क्षेत्र अथवा अधिकारों का अतिक्रमण सहन न करने तथा दूसरों पर अतिक्रमण न करने की बात कही और साथ ही धार्मिक शोषण खत्म करने एवं सेवाओं में बिना भेदभाव के नियुक्ति की बात भी कही।
4. सैन्य पुनर्गठन के आधार पर यूरोपीय सैनिकों की संख्या को बढ़ाया गया। उच्च सैनिक पदों पर भारतीयों की नियुक्ति को बंद कर दिया गया। तोपखाने पर पूर्ण रूप से अंग्रेजी सेना का अधिकार हो गया। बंगाल प्रेसीडेंसी के लिए सेना में भारतीय और अंग्रेज सैनिकों का अनुपात 2:1 का हो गया, जबकि मद्रास और

बम्बई प्रसीडेंसी में यह अनुपात 3:1 का हो गया। उच्च जाति के लोगों में से सैनिकों की भर्ती बंद कर दी गई।

5. सन् 1858 के अधिनियम के अंतर्गत ही भारत में गवर्नर जनरल के पदनाम में परिवर्तन कर उसे 'वायसराय' का पदनाम दिया गया।
6. क्रांति के फलस्वरूप सामन्तवादी ढाँचा चरमरा गया। आम भारतीयों में सामन्तवादियों की छवि गद्दारों की हो गई, क्योंकि इस वर्ग ने विद्रोह को दबाने में अंग्रेजों को सहयोग किया था।
7. विद्रोह के परिणामस्वरूप भारतीयों में राष्ट्रीय एकता की भावना का विकास हुआ और हिंदू-मुस्लिम एकता ने जोर पकड़ना शुरू किया, जिसका कालांतर में राष्ट्रीय आंदोलन में महत्त्वपूर्ण योगदान रहा।
8. सन् 1857 की क्रांति के बाद साम्राज्य विस्तार की नीति का तो खात्मा हो गया, परंतु इसके स्थान पर अब आर्थिक शोषण के युग का आरंभ हुआ। भारतीयों के प्रशासन में प्रतिनिधित्व के क्षेत्र में अल्प प्रयास के अंतर्गत सन् 1861 ई. में 'भारतीय परिषद् अधिनियम' को पारित किया गया। इसके अतिरिक्त ईसाइ धर्म के प्रचार-प्रसार में कमी आई।

क्रांति का काला पक्ष

1. उस समय राजनीतिक, सांस्कृतिक या जातीय दृष्टि से एक अखंड भारत मौजूद नहीं था।
2. मद्रास सेना, बॉम्बे आर्मी और सिख रेजिमेंट से लिये गए अन्य भारतीय सैनिकों की मदद से विद्रोह को दबा दिया गया था। ईस्ट इंडिया कंपनी की 80 प्रतिशत सेना भारतीय थी।
3. कई स्थानीय शासकों ने अंग्रेजों के खिलाफ एकजुट होने की जगह आपस में लड़ाई लड़ी।
4. कई विद्रोही सिपाही रेजिमेंट भंग कर दी गईं तो सैनिक लड़ाई के बजाय अपने-अपने घर चले गए।
5. सभी विद्रोहियों ने मुगलों की वापसी को स्वीकार नहीं किया।
6. विद्रोह काफी हद तक उत्तर और मध्य भारत तक सीमित था। सीमित प्रकृति के कारण विद्रोह का बहुत कम प्रभाव पड़ा।

कल्पना और साहित्य में 1857

1. मैल्कम एक्स की आत्मकथा 'द ऑटोबायोग्राफी ऑफ मैल्कम एक्स' में गैर-ब्रिटिश दुनिया में अंग्रेजों के अत्याचारों के साथ सन् 1857 में विद्रोह और नरसंहारों के बारे में तीखी प्रतिक्रिया मिलती है।
2. जॉन मास्टर्स का उपन्यास 'नाइटरनर ऑफ बंगाल' (पहली बार सन् 1951 ई. में माइकल जोसेफ द्वारा प्रकाशित) भारत के सिपाही को समर्पित है और विद्रोह का एक काल्पनिक लेखा-जोखा है।
3. जे.जी. फैरेल के सन् 1973 ई. के उपन्यास 'द सीज ऑफ कृष्णापुर' में विद्रोह के दौरान काल्पनिक भारतीय शहर कृष्णापुर की घेराबंदी का विवरण दिया गया है।
4. जॉर्ज मैकडोनाल्ड फ्रेजर का सन् 1975 ई. का उपन्यास 'फ्लैशमैन इन द ग्रेट गेम' विद्रोह से पहले और उसके दौरान की घटनाओं से संबंधित है।
5. माइकल क्रिचटन के उपन्यास 'द ग्रेट ट्रेन रॉबरी' में विद्रोह का उल्लेख है और संक्षेप में कानपुर की घेराबंदी की घटनाओं का विवरण देता है।
6. एम.एम. काये के उपन्यास 'शैडो ऑफ द मून' की अधिकांश कहानी सन् 1856 और 1857 के बीच घूमती है। इसमें विद्रोह के मुख्य पात्रों के जीवन को बहुत प्रभावी ढंग से चित्रित किया गया है।
7. भारतीय लेखक रस्किन बॉन्ड का काल्पनिक उपन्यास 'ए फ्लाइट ऑफ पिजंस' सन् 1857 ई. के भारतीय विद्रोह के इर्द-गिर्द घूमता है।
8. मशहूर लेखक ई.एम. फोर्स्टर का सन् 1924 ई. में आया उपन्यास 'ए पैसेज टू इंडिया' बार-बार विद्रोह का संकेत देता है।
9. फ्लोरा एनी स्टील का उपन्यास 'ऑन द फेस ऑफ द वाटर्स', जो पहली बार सन् 1896 ई. में छपा, विद्रोह की घटनाओं का वर्णन करता है।

फिल्मों में 1857 की क्रांति की झलक

लाइट ऑफ इंडिया—एल्मर क्लिफ्टन द्वारा निर्देशित सन् 1929 की लघु अमेरिकी मूक फिल्म विद्रोह को दर्शाती है।

बंगाल ब्रिगेड—सन् 1954 ई. की यह फिल्म भी भारतीय क्रांति पर है।

शतरंज के खिलाड़ी—सत्यजीत रे द्वारा निर्देशित सन् 1977 की यह भारतीय फिल्म 1857 के विद्रोह की शुरुआत से ठीक पहले की घटनाओं का वर्णन करती है।

मंगल पांडेय : द राइजिंग—सन् 2005 ई. में बनी केतन मेहता की यह हिंदी फिल्म मंगल पांडेय के जीवन का इतिहास है।

मणिकर्णिका : द क्वीन ऑफ झाँसी—सन् 2019 ई. की यह हिंदी फिल्म रानी लक्ष्मीबाई के जीवन का इतिहास है।

द चार्ज ऑफ द लाइट ब्रिगेड—सन् 1936 ई. में बनी इस फिल्म में कानपुर में हुए नरसंहार से प्रेरित एक सीक्वेंस दिखाया गया है।

स्वतंत्रता महायज्ञ में कई वीरवर आए थे काम

हम भारतीयों में से प्रत्येक का अपनी संस्कृति के साथ सहज संबंध तब-तब विघटित हुआ है, जब-जब हमारी सभ्यता पर बाहरी हमला हुआ है। सन् 1526 ई. में काबुल के एक अफगान शासक बाबर ने दिल्ली सल्तनत पर राज कर रहे लोदी राजवंश को पराजित किया और मुगल साम्राज्य की स्थापना की, जो बाद में धीरे-धीरे पूरे देश में फैल गया। बाबर अपने पिता की ओर से तैमूर का पाँचवाँ एवं माता की ओर से चंगेज खान का चौदहवाँ वंशज था। इससे पहले तैमूर आया था। जब तैमूर ने भारत पर आक्रमण किया, तब उत्तर भारत में तुगलक वंश का राज था। सन् 1399 ई. में तैमूर लंग द्वारा दिल्ली पर आक्रमण के साथ ही तुगलक साम्राज्य बेहद कमजोर हो गया था। तैमूर मंगोलों की फौज लेकर आया था तो उसका कोई कड़ा मुकाबला नहीं हुआ और वह कत्लेआम करता हुआ मजे के साथ आगे बढ़ता गया। एक समय उसका राज पश्चिम एशिया से लेकर मध्य एशिया होते हुए भारत तक फैल गया था। वह बरलस तुर्क खानदान में पैदा हुआ एक लुटेरा था।

तैमूर ने जब दिल्ली नगर में प्रवेश किया तो 5 दिनों तक पूरा शहर बुरी तरह से लूटा-खसोटा गया और बेगुनाहों का कत्ल किया गया। पीढ़ियों से संचित दिल्ली की दौलत तैमूर लूटकर समरकंद ले गया। अनेक बंदी बनाई गई औरतों और शिल्पियों को भी तैमूर अपने साथ ले गया। भारत से जो कारीगर वह अपने साथ ले गया, उनसे उसने समरकंद में अनेक इमारतें बनवाईं, जिनमें सबसे प्रसिद्ध वहाँ की जामा मसजिद है। तैमूर भारत में केवल लूट के लिए आया था। उसकी इच्छा भारत में रहकर राज्य करने की नहीं थी। अत: 15 दिन दिल्ली में रुकने के बाद वह स्वदेश के लिए रवाना हो गया।

9 जनवरी, 1399 को उसने मेरठ पर चढ़ाई की और नगर को लूटा तथा निवासियों को कत्ल किया। इसके बाद वह हरिद्वार पहुँचा और शिवालिक पहाड़ियों से होकर 16 जनवरी को काँगड़ा पहुँचा और उस पर कब्जा कर लिया। इसके बाद उसने जम्मू पर चढ़ाई की। इन स्थानों को भी लूटा-खसोटा गया और वहाँ के असंख्य निवासियों को कत्ल किया गया। इस प्रकार भारत के जीवन, धन और संपत्ति को अपार क्षति पहुँचाने के बाद 19 मार्च, 1399 को पुन: सिंधु नदी को पार कर वह भारत से अपने देश को लौट गया। तैमूर के आक्रमण के बाद भारत में सय्यद वंश का राज स्थापित हुआ और जब बाबर आया तो दिल्ली पर लोदी वंश का शासन था। मुगल काल में ही नादिरशाह ने सन् 1739 ई. में दिल्ली पर आक्रमण किया था। उसने जी भर कर धन लूटा। मार-काट की। बेगुनाह नागरिक मारे गए। इस लूट में हमारी सभ्यता भी तबाह हुई और हमारी संस्कृति भी आहत हुई, और सबसे बड़ी बात कि हमारा स्वाभिमान आहत हुआ। बचा-खुचा हमारा स्वाभिमान और गर्व उस क्षण विघटित होने लगा, जिस क्षण पश्चिम ने अंग्रेजी राज्य के रूप में हमारी जीवन-पद्धति में हस्तक्षेप करना आरंभ किया। हम पिछले कई सौ वर्षों से स्वयं अपनी संस्कृति के बीच अपाहिज और अनाथ महसूस करने लगे।

यहाँ एक सवाल यह भी उठता है कि संस्कृति का मतलब हम भारतीयों के लिए क्या है? हमारे लिए संस्कृति का यह मतलब तो कतई नहीं रहा कि हम अपने विश्वासों, अनुष्ठानों और प्रतीकों के प्रति सजग रूप से कितने सचेत हैं, जैसा कि आम तौर पर अंग्रेजी सभ्यता में देखने को मिलता है। अपने पिता जी से बेहद प्यार करनेवाला एक भारतीय बालक ने हो सकता है कि कभी अपने पिता जी को 'आई लव यू' न बोला हो, लेकिन इससे उसके पिता के प्रति श्रद्धा और प्यार में तो कोई फर्क नहीं पड़ता। पश्चिम की तरह संस्कृति हमारे लिए न तो संग्रहालय में जमा करने की चीज रही कभी और न ही हमने उसका एक खिड़की की तरह इस्तेमाल किया, जिसके जरिये हम बाहरी दुनिया से अपना रिश्ता जोड़ते हैं। लेकिन एक भारतीय मन के मर्म को यहीं आकर अंग्रेजों ने छलनी किया। हम जिस संस्कृति को ओढ़ते-बिछाते थे, उस संस्कृति को वे आयोजनों के नाम पर तो कभी संग्रहालयों के नाम पर हमसे दूर करते चले गए। हमारी संस्कृति हमसे दूर हुई तो हमारा स्वाभिमान भी दरका। सन् 1857 ई. की लड़ाई हमारे स्वाभिमान के दरकने के बाद उपजे क्षोभ की कहानी भी है।

प्रख्यात चिंतक और लेखक निर्मल वर्मा 'शताब्दी के ढलते वर्षों में' लिखते हैं—"हर संस्कृति की अपनी लय होती है, जो प्रकृति के अनुकूल चलती है, किंतु जब कोई औपनिवेशिक शक्ति प्रगति और इतिहास के नाम पर इस लय को भंग करती है

तो उस संस्कृति से जुड़े हुए लोगों का जीवन क्षेत्र अचानक विशृंखलित हो जाता है। एक तरफ हमारे पास अपने सांस्कृतिक अतीत के टुकड़ों की पोटली जमा हो जाती है, दूसरी तरफ हमारे भीतर जीवन के प्रति समग्रता का एक आध्यात्मिक भाव बाकी रह जाता है, लेकिन इन दोनों को जोड़नेवाली कड़ी टूट जाती है, जिसके कारण हम बीच अधर में झूलते रहते हैं।" ठीक इस बिंदु पर वह पीड़ा और विडंबना उत्पन्न होती है, जो एक भारतीय होने के नाते देश के हजारों-लाखों लोग तब महसूस कर रहे थे, जब व्यापारी बनकर आए अंग्रेज उनके धर्म को बदलना चाह रहे थे। उनके पेशे को तबाह करना चाह रहे थे।

देश की आजादी के लिए सन् 1857 ई. के पहले स्वतंत्रता संग्राम में आज के गौतम बुद्ध नगर का उल्लेखनीय योगदान है। भारत के स्वतंत्रता संग्राम पर अध्ययन करनेवाले इतिहासकार मानते हैं कि जिले में इसका केंद्र दादरी था।

गौतम बुद्ध नगर के लोगों ने रोका था अंग्रेजों को

मेरठ के चौधरी चरण सिंह विश्वविद्यालय में इतिहास की प्रोफेसर डॉ. शुचि गुप्ता कहती हैं, "आधुनिक काल के इतिहास के अंतर्गत सन् 1857 ई. के प्रथम स्वतंत्रता संग्राम के समय गाजियाबाद, मेरठ और बुलंदशहर के साथ यह क्षेत्र मेरठ सिविल जजशिप के तहत जिले के तीन मुंसिफों में से एक रहा। मजलिस जमींदार, उमराव सिंह गुर्जर सन् 1857 ई. के प्रथम स्वतंत्रता संग्राम के गौतम बुध नगर के महान क्रांतिकारियों में से एक थे। उमराव सिंह गुर्जर व मजलिस जमींदार समेत 84 क्रांतिकारियों को गिरफ्तार कर लिया गया और बुलंदशहर के काला आम चौक पर फाँसी पर लटका दिया गया। इनमें हिम्मत सिंह (गाँव रानौली), झंडू जमींदार, सहाब सिंह (नगला नैनसुख), हरदेव सिंह, रूपराम (बील), फत्ता नम्बरदार (चिटहरा), हरदयाल सिंह गहलोत, दीदार सिंह (नगला समाना), राम सहाय (खगुआ बास), नवल, हिम्मत जमींदार (पैमपुर), कदम गुर्जर (प्रेमपुर), कल्लू जमींदार (चीती), करीम बख्श खान (तिलबेगमपुर), जबता खान (मुंडसे), मैदा बस्ती (सांवली), इंद्र सिंह, भोलू गुर्जर (मसौता), मुल्की गुर्जर (हृदयपुर), मुगनी गुर्जर (सैंथली), बंसी जमींदार (नगला चमरू), देवी सिंह जमींदार (मेहसे), दान सहाय (देवटा), बस्ती जमींदार (गिरधरपुर), फूल सिंह गहलोत (पारसेह), अहमान गुर्जर (बढ़पुरा), दरियाव सिंह (जुनेदपुर), इंद्र सिंह (अट्टा) आदि क्रांतिकारियों को अंग्रेजी सरकार ने रिंग लीडर दर्ज कर मृत्यु दंड दिया। हरदयाल सिंह रौसा, रामदयाल सिंह,

निर्मल सिंह (सरकपुर), तोता सिंह कसाना (महमूदपुर लोनी), बिशन सिंह (बिशनपुरा) कुछ ऐसे नाम हैं, जिन्होंने इस क्षेत्र के इतिहास को स्वर्ण अक्षरों में लिखा।"

सन् 1857 ई. की क्रांति के दौरान कई महीनों के लिए यहाँ से कंपनी शासन को उखाड़ फेंक दिया गया था। गाजियाबाद के पास हिंडन नदी के किनारे दादरी के लोगों ने अंग्रेजों को दिल्ली जाने से रोकने के लिए कई दिनों तक लगातार युद्ध किया था। इस लड़ाई में दादरी के राजा राव उमराव सिंह को एक बड़े नायक के रूप में याद किया जाता है। राव उमराव सिंह और उनके साथियों को अंग्रेजों ने बुलंदशहर के काला आम में फाँसी दे दी थी। कुछ लोगों को दिल्ली के चाँदनी चौक में फाँसी दी गई थी।

मेरठ में जब क्रांति की मशाल धन सिंह कोतवाल ने जलाई तो उसकी लौ आज के गौतम बुद्ध नगर के गाँवों तक भी पहुँची। धन सिंह कोतवाल के नेतृत्व में जेल पर हमला बोलकर चर्बी युक्त कारतूसों का विरोध करनेवाले 85 भारतीय सैनिकों समेत 836 कैदियों को छुड़ाया गया था। उस समय धन सिंह मेरठ में कोतवाल थे। ठीक उसी समय सिकंदराबाद और दादरी क्षेत्र के गुर्जर समाज ने सबसे पहले क्रांति के हवन कुंड में खुद को आहुति के रूप में समर्पित किया था। तब क्रांतिकारियों के गुस्से का सबसे अधिक शिकार अंग्रेजी हुकूमत के प्रतीक डाक बंगले, तारघर और सरकारी इमारतें हुई थीं। इन इमारतों को लूट लिया गया और आग लगाकर ध्वस्त कर दिया गया था। बाद में गोरी सेना ने 46 क्रांतिकारियों को पकड़कर जेल भेज दिया और उनको तमाम यातनाएँ दी गई थीं। कहा जाता है कि कुछ जमींदारों की गद्दारी का खामियाजा क्रांतिकारियों को भुगतना पड़ा था। मेरठ में धन सिंह कोतवाल के नेतृत्व में जो लड़ाई की शुरुआत हुई, उसी समय दादरी क्षेत्र में राव उमराव सिंह ने मोर्चा सँभाल लिया था।

कौन थे राव उमराव सिंह भाटी

राव उमराव सिंह भाटी दादरी की रियासत के राजा थे। उनका जन्म सन् 1832 ई. में दादरी के निकट ग्राम कटेहड़ा में हुआ था। उनके पिता का नाम राव किशन सिंह भाटी था। सन् 1857 ई. की जनक्रांति में उनके ताऊ राव रोशन सिंह भाटी और चचेरे भाई राव बिशन सिंह भाटी का भी महत्त्वपूर्ण योगदान था। 10 मई को मेरठ से 1857 की जनक्रांति की शुरुआत कोतवाल धन सिंह गुर्जर द्वारा हो चुकी थी। तत्कालीन

राष्ट्रीय भावना से ओत-प्रोत उमराव सिंह भाटी ने आस-पास के ग्रामीणों को प्रेरित कर 12 मई, 1857 को सिकंदराबाद तहसील पर धावा बोल दिया और वहाँ के हथियारों और खजाने को अपने अधिकार में कर लिया। सूचना मिलते ही बुलंदशहर से सिटी मजिस्ट्रेट सैनिक बल के साथ सिकंदराबाद आ धमका। 7 दिनों तक क्रांतिकारी सेना, अंग्रेज सेना से टक्कर लेती रही। अंत में 19 मई को सशस्त्र सेना के सामने क्रांतिकारी वीरों को हथियार डालने पड़े। 46 लोगों को बंदी बनाया गया। उमराव सिंह बच निकले। इस क्रांतिकारी सेना में गुर्जर समुदाय की मुख्य भूमिका होने के कारण उन्हें ब्रिटिश सत्ता का कोपभोजन होना पड़ा। उमराव सिंह अपने दल के साथ 21 मई को बुलंदशहर पहुँचे और जिला कारागार पर धावा बोलकर उन्होंने सभी बंदियों को छुड़ा लिया। बुलंदशहर से अंग्रेजी शासन समाप्त होने के बिंदु पर था, लेकिन बाहर से सेना की मदद आ जाने से यह संभव नहीं हो सका। हिंडन नदी के तट पर 30 और 31 मई को क्रांतिकारी सेना और अंग्रेजी सेना के बीच एक ऐतिहासिक युद्ध हुआ। यह युद्ध भीषण था। इस युद्ध में मिर्जा मुगल, राजनिहाल सिंह और वालिदाद खान के साथ आस-पास के गाँव वाले भी अपने हथियारों के साथ सम्मिलित हुए थे।

हिंडन का महायुद्ध

हिंडन के महायुद्ध की कमान क्रांतिनायक धन सिंह गुर्जर, राव उमराव सिंह गुर्जर, राव रोशन सिंह गुर्जर के हाथों में थी। इस युद्ध में अंग्रेजों को मुँह की खानी पड़ी थी। 26 सितंबर, 1857 को कासना-सूरजपुर के बीच उमराव सिंह की सेना और अंग्रेजी सेना के बीच भीषण युद्ध हुआ था।

दादरी के ही थे मजलिस जमींदार

सन् 1857 ई. के गदर में मजलिस जमींदार का नाम भी बहुत आदर के साथ लिया जाता है। उनका जन्म सन् 1782 ई. में दादरी के ही एक गुर्जर परिवार में हुआ था। उनका पूरा नाम मजलिस भाटी था। वे उमराव सिंह गुर्जर के क्रांतिकारी साथी थे। उन्होंने राजा उमराव सिंह के साथ सन् 1857 ई. की क्रांति में हिस्सा लिया था। मजलिस जमींदार के बेटे का नाम नथुआ सिंह भाटी था। नथुआ सिंह भाटी के बेटे का नाम भिक्की सिंह

भाटी था। क्रांतिकारी सेना में गुर्जर समाज के अहम योगदान के लिए उन्हें ब्रिटिश सत्ता के कोप का भाजन बनना पड़ा और गुर्जर समाज के लोगों को चुन-चुन कर बंदी बनाया जाने लगा। 21 मई, 1857 को राजा उमराव सिंह को साथ देने के लिए मजलिस जमींदार अपने पूरे दल-बल के साथ बुलंदशहर पहुँचे और जिला कारागार पर धावा बोलकर अपने सभी क्रांतिकारी साथियों को छुड़ा लिया। इस तरह राव उमराव सिंह समेत दादरी और उसके आस-पास गाँवों के 84 लोगों ने सन् 1857 ई. के स्वतंत्रता संग्राम में महत्त्वपूर्ण भूमिका निभाई। बताया जाता है कि मजलिस जमींदार को हाथों व पैरों में कील ठोककर फाँसी पर लटकाया गया था। अंग्रेजी हकूमत ने क्रांतिकारियों के परिवारों की संपत्ति को भी छीन लिया था।

गौतम बुद्ध नगर के दादरी का शहीद स्तंभ

राव उमराव सिंह को गिरफ्तार कर लिया गया। इस जनक्रांति के विफल हो जाने पर दादरी, बुलंदशहर क्षेत्र के बहुत से गुर्जर क्रांतिवीरों के साथ राजा राव उमराव सिंह भाटी, राव रोशन सिंह भाटी, राव बिशन सिंह भाटी को सरेआम फाँसी पर लटका दिया गया। बुलंदशहर के काला आम चौक पर जिन लोगों को फाँसी पर लटकाया गया, उनमें हिम्मत सिंह (गाँव रानौली), झंडू जमींदार, सहाब सिंह (नगला नैनसुख), हरदेव सिंह, रूपराम (बील), फत्ता नम्बरदार (चिटहरा), हरदयाल सिंह गहलोत, दीदार सिंह (नगला समाना), राम सहाय (खगुआ बास), नवल, हिम्मत जमींदार (पैमपुर), कदम गुर्जर (प्रेमपुर), कल्लू जमींदार (चीती), करीम बख्श खान (तिलबेगमपुर), जबता खान (मुंडसे), मैदा बस्ती (सांवली), इंद्र सिंह, भोलू गुर्जर (मसौता), मुल्की गुर्जर (हृदयपुर), मुगनी गुर्जर (सैंथली), बंसी जमींदार (नगला चमरू), देवी सिंह जमींदार (मेहसे), दान सहाय (देवटा), बस्ती जमींदार (गिरधरपुर), फूल सिंह गहलोत (पारसेह), अहमान गुर्जर (बढ़पुरा), दरियाव सिंह (जुनेदपुर), इंद्र सिंह (अट्टा) आदि क्रांतिकारियों के नाम आते हैं।

भारत की आजादी के लिए प्रथम क्रांति युद्ध में हरदयाल सिंह रौसा, रामदयाल सिंह, निर्मल सिंह (सरकपुर), तोता सिंह कसाना (महमूदपुर लोनी), बिशन सिंह (बिशनपुरा) आदि भी शामिल थे। उनके मकानों को तोड़ दिया गया था। शहीदों की याद में दादरी तहसील परिसर में आज भी शहीद स्तम्भ मौजूद है, जिस पर 84 क्रांतिकारियों के नाम अंकित हैं। दादरी के मुख्य तिराहे पर राव उमराव सिंह की

प्रतिमा भी स्थापित है। हर साल उनकी याद में 15 अगस्त और 26 जनवरी को विभिन्न समाजसेवी संगठनों और प्रमुख लोगों द्वारा कार्यक्रमों का आयोजन किया जाता है।

बादशाह सलामत रहें

सन् 1857 ई. की क्रांति के पश्चात सन् 1858 ई. में जब बहादुर शाह जफर को अंग्रेजों ने दिल्ली से गिरफ्तार कर रंगून ले जाने की योजना बनाई थी तो बहादुर शाह जफर जब दादरी से गुजरे तो कोट के पुल के पास यहाँ के लोगों ने वीरता दिखाते हुए अपने बादशाह को अंग्रेजों की गुलामी से कुछ देर के लिए आजाद करा लिया था, परंतु पीछे से अंग्रेजी सेना की एक अन्य टुकड़ी के आ जाने पर अंग्रेजों ने बादशाह को फिर से पकड़ लिया।

नायकों के नाम और भी हैं

दादरी के नायक शहीद राजा उमराव सिंह, मुकिमपुर (पिलखुवा) के महान बलिदानी राजा गुलाब सिंह, धौलाना के 14 शहीद—साहिब सिंह, सुमेर सिंह, किटना सिंह, चंदन सिंह, माखन सिंह, जिया सिंह, दौलत सिंह, जीराज सिंह, दुर्गा सिंह, मसाहब सिंह, दलेल सिंह, महाराज सिंह, वजीर सिंह और लाला झाँकू मल सिंघल को अंग्रेजों ने फाँसी पर लटका दिया था। तब बुलंदशहर से 7 किलोमीटर की दूरी पर रियासत मालागढ़ थी, जहाँ वलीदाद खाँ का शासन था। मुगल दरबार में नबाव वलीदाद खाँ को विशेष सम्मान तथा स्थान प्राप्त था। उन्हें तोपों की सलामी भी दी जाती थी तथा नगाड़ा रखने की भी विशेष स्वीकृति प्राप्त थी। अभिलेख बताते हैं कि सन् 1857 ई. की क्रांति में हिस्सा लेनेवाले अधिकांश नवाब और राजा अपने अधिकारों की रक्षा की लड़ाई लड़ रहे थे, परंतु इतिहास का एकमात्र क्रांतिकारी नवाब वलीदाद खाँ ऐसा सिपाही था, जिसने अपने सभी राजसी वैभव को दाँव पर लगा कर मेहनतकश मजदूरों के हक के लिए अंग्रेजों से लोहा लिया था। मालागढ़ के अमर शहीद वलीदाद खान के नेतृत्व में जिले के कई गाँव इस युद्ध में कूद पड़े थे। उन्होंने मातृभूमि की वेदी पर अपना और अपने सामान का बलिदान किया और पूरे क्षेत्र को पवित्र बना दिया। यहाँ रहनेवाले लोग देश की आजादी के लिए इस जिले के शहीदों द्वारा निभाई गई भूमिका पर गर्व कर सकते हैं। क्रांतिकारी राव बिशन सिंह कठैड़ा को दादरी में ही फाँसी दी गई थी।

दनकौर के पास नागड़ी गुर्जरों में अट्टा गाँव के इंद्र सिंह, राजपुर के सुरजीत सिंह, जुनेदपुर के दरयाव सिंह, नत्था सिंह व कान्हा सिंह, असावर के एमन सिंह तथा गुनपुरा के रामबख्श के नाम भी क्रांतिकारियों की सूची में सुनहरे अक्षरों में दर्ज हैं, जिनको सन् 1857 ई. की क्रांति में भाग लेने पर फाँसी दी गई। इनकी जमीन व जायदाद जब्त करके अंग्रेजों ने अपने चहेतों को बतौर इनाम दे दी। एक अन्य दस्तावेज में दादरी क्षेत्र के 11 अन्य गुर्जरों को भी फाँसी पर लटकाए जाने का उल्लेख किया गया है।

राव अजीत सिंह के पौत्र विशन सिंह तथा भगवन्त सिंह के अतिरिक्त 5 नागड़ी गुर्जरों को भी प्राण-दंड दिया गया था। दनकौर के आस-पास गाँवों में रहनेवाले नागड़ी गुर्जरों ने भी सन् 1857 ई. के विद्रोह में बढ़-चढ़ कर भाग लिया था। उनके 5 सरदारों को फाँसी को सजा मिली थी। ये हैं—अट्टा गाँव के इंद्र सिंह, जुनेदपुर के दरयाव सिंह, राजपुर के सुरजीत सिंह, अट्टा के नत्था सिंह और गुनपुरा के रामबख्श।

इन देशभक्तों के प्राण ले लेने पर भी अंग्रेज हुकूमत की बदले की आग शांत नहीं हुई थी। अंग्रेज सेना किसी भी दिशा में आगे बढ़ती और गाँवों को आग लगा देती। तत्कालीन गुप्त दस्तावेजों के अनुसार, 20 सितंबर, 1858 को कर्नल ग्रीथेड ने दादरी के आस-पास के गाँवों में आग लगवा दी थी। दादरी के क्षेत्र को अंग्रेज सरकार ने सर्वाधिक गड़बड़ वाला इलाका घोषित किया था।

दमन चक्र के दौरान अंग्रेजों ने गुर्जरों को इसका सामूहिक व्यक्तित्व तथा सांस्कृतिक दंड भी दिया और उनके गाँवों को उपेक्षित छोड़ दिया। गुर्जरों की देशभक्ति को राजद्रोह कहा गया और उनको राजकीय सेवाओं से वंचित रखा गया।

काला-आम चौराहे पर दर्ज है दादरी का दर्द

बुलंदशहर के काला-आम चौराहे का ऐतिहासिक महत्त्व है, क्योंकि अंग्रेजों ने क्रांतिकारियों को यहीं फाँसी दी थी। इस जगह को शायद कत्ल-ए-आम कहा जाता था, जो बाद में बदलते-बदलते काला आम हो गया। दूसरी कहानी यह है कि वहाँ आम का एक विशाल वृक्ष भी था, जिस पर अंग्रेजों ने क्रांति में शरीक लोगों को फाँसी दी थी।

दादरी के गुर्जर समाज की वीरता ने अंग्रेजों को यहाँ से भागने के लिए मजबूर कर दिया था और दिल्ली पर कब्जा करने के लिए कूच किया था, लेकिन हालात कुछ बदल गए और काफी कुछ इतिहास बनते-बनते रह गया। आज भी शहर के बीच काला-आम चौराहा उस काल का गवाह बनकर शहीद स्तम्भ के रूप सीना तानकर खड़ा है।

क्या कहते हैं इतिहास के जानकार

इतिहास के जानकार हरी अंगिरा लिखते हैं कि इस आजादी के लिए भारत माता के बेटों ने कितनी यातनाएँ व जुल्म सहे थे, इसका हिसाब करना मुश्किल है। जालिमों ने जान भी ली तो तड़पा-तड़पा कर। वे उन पलों को याद भी नहीं करना चाहते। उन्होंने बताया कि भारत माता के लालों को पहले तो बर्बरता से कठोर यातना दी जाती थी, उसके बाद उन्हें फाँसी पर लटका दिया जाता था। साथ ही कोड़े भी बरसाए जाते थे। क्रांतिकारी उस वक्त भी 'भारत माता की जय' और 'वन्दे मातरम्' के नारे लगाते रहते थे। कई दिनों तक पेड़ से उनकी लाश लटकती रहती थी। अंग्रेज इस तरह से सामूहिक फाँसी देकर लोगों को आतंकित भी करते थे, लेकिन इतिहास तो यही बताता है कि अंग्रेजों का यह भयानक जुल्म आजादी के मतवालों की दीवानगी रोकने में बिलकुल नाकाम रहा।

एक थे मोहन बाबा महान

पेड़ पर लटकी या फेंक दी गई क्रांतिकारियों की लाशों को आते-जाते राहगीर देख सकते थे, लेकिन उनका अंतिम संस्कार करने की हिम्मत कोई नहीं कर पाता था। मोहन बाबा नाम के एक संत थे, जो रात में चुपके से शहीदों की लाशों को ले जाते थे और उनका गुपचुप तरीके से अंतिम संस्कार कर दिया करते थे। वह काली नदी के तट पर कुटी बनाकर एकांत में रहते थे। उन्हीं के नाम पर उस इलाके का नाम मोहनकुटी पड़ा।

संदर्भ-ग्रंथ

1. क्रांति का प्रथम नायक मंगल पांडेय—कौशिकेय शिवकुमार सिंह।
2. बीबीसी हिंदी डॉटकॉम के लिए अतुल चंद्रा की रिपोर्ट—156 साल बाद पड़दादी के कदमों की तलाश।
3. द हिस्ट्री ऑफ द इंडियन म्यूटनी—चार्ल्स बॉल।

अध्याय : 4

प्रयास में अपराजित प्रखरता

सन् 1857 ई. में जब अंग्रेजों के विरुद्ध पहली लड़ाई अपने बहुत नतीजे पर नहीं पहुँची तो अंग्रेजों ने बड़े ही क्रूर ढंग से बदला लिया। अंग्रेज चाहते थे कि भारतीयों को इतना सताया जाए कि आगे विद्रोह करने से पहले वे लाख बार सोचें। मशहूर लेखक और पत्रकार एम.जे. अकबर अपनी नई किताब 'दुलाली साहब एंड द ब्लैक जमींदार : रेसिज्म एंड रेवेंज इन ब्रिटिश इंडिया' में बताते हैं, "एक वर्ष तक हर अफसर को छूट दी गई थी कि वह किसी भी संदिग्ध को गोली मार सकता था या फाँसी पर चढ़ा सकता था या जेल भिजवा सकता था। नागरिकों का कई जगह नरसंहार हुआ और शहर के शहर नेस्तनाबूद कर दिए गए। लोगों के शरीर को गरम सलाखों से दागा गया। उनकी आँखों और गुप्तांगों तक में मिर्च का पाउडर डाल दिया गया।" टाइम्स अखबार के युद्ध संवाददाता विलियम रसेल ने अपनी 23 फरवरी, 1859 की डायरी में लिखा है, "लोगों को बिना किसी भेद-भाव के जान से मारा गया। दो दिनों के अंदर सड़क के किनारे ही 42 लोगों को फाँसी दे दी गई। गाँव के गाँव बिना किसी कारण के जला दिए गए।" पत्रकार मार्टिन मोंटगोमरी ने टाइम्स के 19 नवम्बर, 1859 के अंक में अपने अनुभव साझा किए थे, "मैंने 14 औरतों की लाशें देखने के बाद दिल्ली की सड़कों पर चलना छोड़ दिया। उनके अपने पतियों ने ही इस डर से उनके गले काट डाले थे कि कहीं वे अंग्रेज सैनिकों के हाथ न पड़ जाएँ।"

1857 के बाद भी आजादी बोध

जर्मनी के प्रसिद्ध आदर्शवादी दार्शनिक हेगल जीवन भर यही मानते रहे कि एक यूरोप में रहनेवाले की अस्मिता उसकी आत्मचेतना में वास करती है और यह आत्मचेतना हमेशा दूसरों के विरुद्ध होकर ही स्वयं को प्रतिष्ठित कर सकती है। लेकिन एक भारतीय

आत्मा की आत्मचेतना कहाँ होती है? क्या कभी हम किसी दूसरे व्यक्ति के अहम् के विरुद्ध संघर्ष करते हुए अपना अर्थ पाते हैं? शायद नहीं। एक भारतीय आत्मा की चेतना दूसरों के विरुद्ध नहीं, हमेशा दूसरों के साथ होकर ऐसे अनुष्ठानों, मिथकों, प्रतीकों और विश्वासों के माध्यम से जुड़ी रही है, जिसे वह समाज के अन्य लोगों के साथ एक स्मृति के द्वारा साझा करता है। अहम् कभी भारतीयों का संस्कार नहीं रहा। सन् 1857 ई. का जो विद्रोह हुआ, उसमें हम भारतीयों का अहम् कहीं नहीं था। हम लाचार थे। हमें लगातार तबाह किया जा रहा था। हमारे हुनर की विरासत पर आक्रमण हो रहा था। हमारी भूख पर हमला हुआ था। हमारे स्वाभिमान पर आघात हुआ था। हमारे राष्ट्रवाद की भावना का हरण हुआ था।

हमारे लिए राष्ट्रवाद के निर्णायक तत्त्वों में राष्ट्रीयता की भावना सबसे अधिक महत्त्वपूर्ण रही है। राष्ट्रीयता की भावना किसी राष्ट्र के सदस्यों में पाई जानेवाली सामुदायिक भावना है, जो उनका संगठन सुदृढ़ करती है। लेकिन जब भारतीय संस्कृति की बात आती है, तब पश्चिम के कई विद्वान इस व्याख्या को भूलकर यह मानने लगते हैं कि ब्रिटिश लोगों के कारण ही भारत में राष्ट्रवाद की भावना ने जन्म लिया। राष्ट्रीयता की चेतना ब्रिटिश शासन की देन है और उससे पहले भारतीय इस चेतना से अनभिज्ञ थे, लेकिन हमें हमेशा इस बात को सच मानने में असुविधा रही है। सच यह है कि भारत की राष्ट्रीय चेतना वेदकाल से अस्तित्व में है। अथर्ववेद के पृथ्वी सूक्त में धरती माता का यशोगान राष्ट्रवाद ही तो है—

माता भूमिः पुत्रोऽहं पृथिव्याः

(भूमि माता है और मैं पृथ्वी का पुत्र हूँ।)

विष्णु पुराण में तो राष्ट्र के प्रति का श्रद्धा-भाव बहुत ऊँचाई पर है। इसमें भारत को 'पृथ्वी पर स्वर्ग' के रूप में माना गया है।

अत्रापि भारतं श्रेष्ठं जम्बूद्वीपे महागने।
यतोहि कर्म भूरेषा ह्यतोऽन्या भोग भूमयः॥
गायन्ति देवाः किल गीतकानि धन्यास्तु ते भारत-भूमि भागे।
स्वर्गापस्वर्गास्पदमार्गे भूते भवन्ति भूयः पुरुषाः सुरत्वात्॥

इसी प्रकार वायु पुराण में भी भारत को अद्भुत प्रदेश के रूप में रेखांकित किया गया है। भागवत पुराण में तो भारत-भूमि को संपूर्ण विश्व में 'सबसे पवित्र भूमि' माना

गया है, जहाँ देवता भी जन्म धारण करने की अभिलाषा रखते हैं, ताकि सत्कर्म करके वैकुंठधाम प्राप्त कर सकें।

कदा वयं हि लप्स्यामो जन्म भारत-भूतले।
कदा पुण्येन महता प्राप्यस्यामः परमं पदम्।

महाभारत के भीष्म पर्व में भारतवर्ष की महिमा का गान इस प्रकार किया गया है—

अत्र ते कीर्तिष्यामि वर्ष भारत भारतम्।
प्रियमिन्द्रस्य देवस्य मनोवैवस्वतस्य॥
अन्येषां च महाराजक्षत्रियारणां बलीयसाम्।
सर्वेषामेंव राजेन्द्र प्रियं भारत भारताम्॥

गरुड़ पुराण में राष्ट्रीय राष्ट्रवाद की अभिलाषा कुछ इस प्रकार व्यक्त हुई है—

स्वाधीन वृत्तः साफल्यं न पराधीनवृत्तिता।
ये पराधीनकर्माणो जीवन्तोऽपि ते मृताः॥

रामायण में रावणवध के पश्चात राम, लक्ष्मण से कहते हैं, "हे लक्ष्मण! यद्यपि यह लंका स्वर्णमयी है, तथापि मुझे इसमें रुचि नहीं है, क्योंकि जननी और जन्मभूमि स्वर्ग से भी महान होती है।"

यह अलग बात है कि कुछ लोग भारतीय राष्ट्रवाद को एक आधुनिक तत्त्व मानते हैं। भारत में अंग्रेजों के आने से पहले देश में ऐसी सामाजिक संरचना थी, जो कि संसार के किसी भी अन्य देश में शायद ही कहीं पाई जाती हो। वह पूर्व मध्यकालीन यूरोपीय समाजों से आर्थिक दृष्टि से भिन्न थी। भारत विविध भाषा-भाषी और अनेक धर्मों के अनुयायियों वाले विशाल जनसंख्या का देश है। सामाजिक दृष्टि से हिंदू समाज, जो कि देश की जनसंख्या का सबसे बड़ा भाग रहा है, विभिन्न जातियों और उपजातियों में विभाजित रहा है। हिंदू धर्म की ही बात करें तो उसमें कितने ही प्रकार के दर्शन और पूजा-पद्धतियाँ सम्मिलित हैं। इस प्रकार एक हिंदू समाज अनेक सामाजिक और धार्मिक परतों में बँटा हुआ रहा है, लेकिन जरूरत पड़ने पर एक भी रहा है। भारत की सामाजिक, आर्थिक तथा राजनीतिक संरचना तथा विशाल आकार के कारण यहाँ पर राष्ट्रीयता का उदय अन्य देशों की तुलना में अधिक कठिनाई से हुआ। शायद ही विश्व के किसी अन्य देश में इस प्रकार की प्रकट भूमि में राष्ट्रवाद का उदय हुआ हो। ऐसे

में अगर जॉन शिले कहते हैं, "भारतवर्ष एक राष्ट्र है, यह उस मूल पर आधारित है, जिसको राजनीति शास्त्र स्वीकार नहीं करता", तो जाहिर है कि विदेशी आक्रमणकारियों के आने के बाद भारत में राष्ट्रवाद का उदय और विकास उन परिस्थितियों में हुआ, जो लगातार हमारे राष्ट्रवाद के मार्ग में बाधाएँ पैदा करती रहीं। सच तो यह है कि भारतीय समाज की विभिन्नताओं में मौलिक एकता हमेशा विद्यमान रही है और समय-समय पर राजनीतिक एकता की भावना भी उदय होती रही है। तभी तो ब्रिटिश इतिहासकार विन्सेन्ट आर्थर स्मिथ को कहना पड़ा, "वास्तव में भारतवर्ष की एकता उसकी विभिन्नताओं में ही निहित है।" ब्रिटिश शासन की स्थापना से भारतीय समाज में हमारे राष्ट्रवाद को कई तरह से चुनौतियाँ मिलती रहीं।

बदल गई नगर की अर्थव्यवस्था

ब्रिटिश शासनकाल में अपने देश के नगरों की अर्थव्यवस्था बदलती चली गई। कुटीर उद्योगों को धक्का लगा। लोगों को विदेशी सामानों को खरीदने की आदत डाली गई। हुनरमंद हाथ बेरोजगार होते गए। उनके माल की खपत कम होती गई, जिससे क्रमशः परंपरागत उद्योग समाप्त होने लगे। कारीगरों का सामाजिक स्तर गिरने लगा और कारीगरी के काम छोड़कर वे श्रमिक हो गए। विदेशों से आए हुए बने-बनाए माल के मुकाबलों में देसी माल की खपत घटने लगी, जिसके परिणामस्वरूप भारत अधिकतर कच्चा माल उत्पादन करने का स्रोत बन गया और देश के बाजार विदेशी माल से भरे जाने लगे। अंग्रेजों ने अपने लाभ के लिए देश में यातायात के साधन बढ़ाए। उन्होंने नये-नये उद्योगों की स्थापना की। देश में उद्योगों के विकास से पूँजीपति वर्ग बढ़ने लगा। अधिकतर भारतीय उद्योगों में विदेशी पूँजी लगी हुई थी। ऐसी अर्थ व्यवस्था देश के लिए हानिकारक और अंग्रेजों के लिए लाभदायक थी। इससे हमारे राष्ट्रवाद की भावना को धक्का लगा।

उनकी शिक्षा, उनका हित

अंग्रेजों ने देश में एक ऐसे वर्ग के निर्माण के लिए अंग्रेजी शिक्षा का प्रचार किया, जो उन्हें शासन में सहायता दे सके। पूर्व ब्रिटिश भारत में अधिकतर शिक्षा धार्मिक थी, जो संस्कृत पाठशालाओं तथा मुस्लिम मदरसों के माध्यम से दी जाती थी। ईसाइयों ने देश

में आधुनिक शिक्षा का प्रचार किया। उनकी शिक्षा का एक उद्देश्य देश में ईसाइयों की संख्या बढ़ाना भी था, लेकिन पाश्चात्य शिक्षा के इस दौर में कुछ लोगों ने राष्ट्रीय शिक्षा की ओर ध्यान दिया। यह वर्ग अंग्रेजी शिक्षा के महत्त्व को भली-भाँति जानता था और अपनी परंपरा को भी। ब्रह्म समाज, आर्य समाज, रामकृष्ण मिशन, अलीगढ़ आंदोलन ने राष्ट्रीय चेतना से लैस शिक्षा को प्रोत्साहित किया। फिर ऐसे पढ़े-लिखे वर्ग का भी निर्माण हुआ, जो कि देश की प्राचीन परंपराओं पर गर्व करता था। इन्हीं लोगों ने देश में राष्ट्रीय आंदोलन का सूत्रपात किया।

1857 के आगे राष्ट्रवाद का उभार

किसानों और दस्तकारों ने सन् 1857 ई. के स्वतंत्रता संग्राम में इसलिए भाग लिया कि किसान चाहते थे कि भू-राजस्व की दर में लचीलापन हो और राजस्व संग्रह के नियम बेहद कठोर न हों। फसल खराब होने की स्थिति में किसान राजस्व का भुगतान न कर पाए तो उसकी भूमि को नीलाम न किया जाए। लेकिन सन् 1857 ई. की क्रांति के बाद ब्रिटिश अधिकारी पहले से ज्यादा सजग हो गए और उन्होंने आम भारतीयों के साथ संवाद बढ़ाने की कोशिशें शुरू कर दीं। इससे पहले उन्होंने विद्रोह करनेवाली सेना को भंग कर दिया। प्रदर्शन की क्षमता के आधार पर सिखों और बलूचियों की सेना की नई पलटनें बनाई गईं, लेकिन क्रांति की जो चिंगारी सन् 1857 ई. में भड़की थी, वह सुलगती चली गई। अपने राष्ट्र को बचाने के लिए अलग-अलग जगहों पर पढ़े-लिखे लोग लगातार काम करते रहे।

फड़के का प्रभाव

वासुदेव बलवन्त फड़के का जन्म 4 नवम्बर, 1845 को महाराष्ट्र के रायगढ़ जिले के शिरढोणे गाँव में हुआ था। ब्रिटिश सरकार के खिलाफ सशस्त्र विद्रोह का संगठन करनेवाले फड़के भारत के क्रांतिकारी थे, जिन्हें आदि क्रांतिकारी भी कहा जाता है। वे ब्रिटिश काल में किसानों की दयनीय दशा को देखकर विचलित हो उठे थे। उनका दृढ़ विश्वास था कि 'अपना राज' ही इस रोग की दवा है। 17 फरवरी, 1883 उन्होंने स्वतंत्रता प्राप्ति के लिए सशस्त्र मार्ग का अनुसरण किया। अंग्रेजों के विरुद्ध विद्रोह करने के लिए लोगों को जाग्रत करने का कार्य वासुदेव बलवन्त फड़के ने ही किया।

महाराष्ट्र की कोली, भील तथा धांगड़ जातियों को एकत्र कर उन्होंने 'रामोशी' नाम का क्रांतिकारी संगठन खड़ा किया। अपने इस मुक्ति संग्राम हेतु धन एकत्र करने के लिए उन्होंने धनी अंग्रेज साहूकारों को लूटा। फड़के की लोकप्रियता तब बढ़ गई, जब उन्होंने पुणे नगर को कुछ दिनों के लिए अपने नियंत्रण में ले लिया था। 20 जुलाई, 1879 को वे बीजापुर में पकड़ लिए गए। अभियोग चला कर उन्हें काले पानी का दंड दिया गया। फड़के की कहानी का प्रभाव समस्त भारत में भी देखा गया। स्थानीय इतिहासकार बताते हैं कि पश्चिमी उत्तर प्रदेश में भी खासकर गौतम बुद्ध नगर के पुराने गाँवों, जैसे कि शाहपुर खुरदी, सिदीपुर, सुनपुरा सोहनपुर, चक्रसेनपुर, चौकीदार, कठेरा, खैरपुर गुर्जरी, खंडेरा गिरिराजपुर में वासुदेव बलवन्त फड़के की क्रांतिकारी कहानी का खासा प्रभाव देखने को मिला, हालाँकि इसकी कोई लिखित जानकारी नहीं मिलती है। स्वतंत्रता संग्राम के उस दौर में इन इलाकों में झाँसी की रानी लक्ष्मीबाई और वासुदेव बलवन्त फड़के की वीरता की कहानियाँ खूब बोली और सुनी जाती रहीं।

आर्य समाज का प्रभाव

उस काल में स्वामी दयानन्द सरस्वती एक महान सुधारक हुए। उन्होंने सन् 1875 ई. में बम्बई (आज की मुम्बई) में 'आर्य समाज' की नींव रखी। आर्य समाज एक साथ ही धार्मिक और राष्ट्रीय नवजागरण का आंदोलन था। इसने भारत और हिंदू समाज को नवजीवन प्रदान किया। स्वामी दयानन्द ने न केवल हिंदू धर्म तथा समाज में व्याप्त बुराइयों का विरोध किया, अपितु अपने देशवासियों में राष्ट्रीय चेतना का संचार भी किया। उन्होंने हिंदू धर्म के महत्त्व का बखान कर भारतीयों का ध्यान अपनी सभ्यता और संस्कृति की ओर आकर्षित किया। उन्होंने वैदिक धर्म की श्रेष्ठता को फिर से स्थापित किया और यह बताया कि हमारी संस्कृति विश्व की प्राचीन एवं महत्त्वपूर्ण संस्कृति है। उनका मानना था कि वेद ज्ञान के भंडार हैं और संसार में सच्चा हिंदू धर्म है, जिसके बल पर भारत विश्व में अपनी प्रतिष्ठा फिर से स्थापित कर गुरु बन सकता है। स्वामी दयानन्द सरस्वती ने अपने ग्रंथ 'सत्यार्थ प्रकाश' में निर्भीकतापूर्वक लिखा है—"विदेशी राज्य, चाहे वह कितना ही अच्छा क्यों न हो, स्वदेशी राज्य की तुलना में कभी भी अच्छा नहीं हो सकता।" स्वामी दयानन्द सरस्वती के बारे में राजनेता एवं समाज सुधारक हरबिलास शारदा ने लिखा है—"राजनीतिक

स्वतंत्रता की प्राप्ति स्वामी दयानन्द का मुख्य उद्देश्य था। वे पहले व्यक्ति थे, जिन्होंने 'स्वराज' शब्द का प्रयोग किया और अपने देशवासियों को विदेशी माल के प्रयोग के स्थान पर स्वदेशी माल के प्रयोग की प्रेरणा दी। उन्होंने सबसे पहले हिंदी को राष्ट्रीय भाषा स्वीकार किया।" उनके बारे में श्रीमती एनी बेसेन्ट ने लिखा है—"स्वामी दयानन्द सरस्वती पहले व्यक्ति थे, जिन्होंने सबसे पहले यह नारा लगाया था कि भारत भारतीयों के लिए है।"

गौरक्षा के सवाल पर अंग्रेजों के खिलाफ गुस्सा

भारतीय संस्कृति और चिंतन परंपरा में गौ को अत्यधिक पूजनीय माना गया है। वेदों में स्पष्ट कहा गया है कि माता, पुत्री और बहन के समान गौ आदरणीय है। ऋग्वेद का मंत्र है—

माता रुद्राणां दुहिता वसूनां स्वसादित्यानाम् तस्यनाभिः।
प्र नु वाचं चिकितुषे जनायमागामानागामदिति वधिष्ट॥

वेद में सभी पशुओं की रक्षा के लिए कहा गया है। अथर्ववेद में कहा गया है कि क्षत्रिय, ब्राह्मणों की गौ की रक्षा करें, उनकी हिंसा कभी न करें।

भारतीय इतिहास में आर्य राजाओं के यहाँ तो गौरक्षा होती ही थी। इतिहास प्रसिद्ध रघुवंशी महाराजा दिलीप ने शेर के सामने गौ की रक्षा के लिए स्वयं को प्रस्तुत किया, लेकिन अंग्रेजों के शासन में साजिशन गौ हत्या को बढ़ावा दिया गया और इससे देश के हर इलाके में अंग्रेज सरकार के खिलाफ लोगों का गुस्सा बढ़ता चला गया।

कूका विद्रोह का असर

कूका विद्रोह सन् 1871-72 ई. में पंजाब के कूका (नामधारी सिखों) द्वारा किया गया एक सशस्त्र विद्रोह था, जो मूलतः अंग्रेजों द्वारा गायों की हत्या को बढ़ावा देने के विरोध में किया गया था। बालक सिंह तथा उनके अनुयायी गुरु राम सिंह जी ने इसका नेतृत्व किया था। कूका लोगों ने पूरे पंजाब को 22 जिलों में बाँटकर अपनी समानांतर सरकार बना डाली। कूका वीरों की संख्या 7 लाख से ऊपर थी। अधूरी तैयारी में ही विद्रोह भड़क उठा और इसी कारण वह दबा दिया गया। तब भारत का वायसराय नर्थब्रुक था।

कूका विद्रोह के दौरान 66 नामधारी सिख शहीद हो गए थे। नामधारी सिखों की कुर्बानियों को भारत की आजादी की लड़ाई के इतिहास में 'कूका लहर' के नाम से अंकित किया गया है। जब अंग्रेजों ने धर्म के नाम पर लोगों को लड़ने और गुलामी का अहसास करवाने के लिए पंजाब में जगह-जगह गौ वध के लिए बूचड़खाने खोले, तब नामधारी सिखों ने इसका कड़ा विरोध किया। 100 नामधारी सिखों ने 15 जून, 1871 को अमृतसर और 15 जुलाई, 1871 को रायकोट बूचड़खाने पर धावा बोल कर गायों को मुक्त करवाया। इस बगावत के जुर्म में 5 अगस्त, 1871 को तीन नामधारी सिखों को रायकोट, 15 दिसंबर, 1871 को चार नामधारी सिखों को अमृतसर और 26 नवम्बर, 1871 को दो नामधारी सिखों को लुधियाना में बट के वृक्ष से बाँधकर सरेआम फाँसी देकर शहीद कर दिया गया। इस घटना का असर उस समय पूरे देश में देखा गया था। गौतम बुद्ध नगर के बिसरख, नगला चमरू, नगला किरानी, फूलपुर और भोगपुर जैसे गाँवों में कई सौ लोगों ने कूका विद्रोह से प्रेरणा लेकर अंग्रेजों का विरोध शुरू कर दिया था। घोड़ी बछेड़ा, गिरधरपुर सुनारसी गाँव, जिसमें ज्यादातर किसान थे, में उन्होंने गौरक्षा के नाम पर दूसरे लोगों को एकमत किया।

इससे पहले सन् 1863 ई. में तत्कालीन आजमगढ़ जिले में अंग्रेज अधिकारियों ने नगर के मुस्लिम समुदाय को उकसा कर एक ही दिन सैकड़ों गायों की कुर्बानी करा दी। यह घटना बड़ी थी। इस घटना के बाद हिंदू सुलगने लगे थे। इसकी आँच दूसरे जिलों तक पहुँची। हिंदू जनता समझ चुकी थी कि अंग्रेजों की यह बड़ी साजिश है। उधर अंग्रेजी शासन खुलेआम गायों की कुर्बानी करनेवाले मुसलमानों के साथ खड़ी हो गई। आजमगढ़, गाजीपुर, बलिया में साम्प्रदायिक तनाव फैल गया। यह और अधिक तीव्रता से तब बढ़ने लगा, जब ब्रिटिश सरकार की फौज और पुलिस एकतरफा आंदोलन कर रहे हिंदुओं को गिरफ्तार कर उन्हें जेल में डालने लगी और प्रताड़ित करने लगी। तनाव मेरठ और गाजियाबाद होते हुए गौतम बुद्ध नगर के तत्कालीन गाँवों में भी दिखाई पड़ने लगा। ठीक उसी वक्त कवि पंडित दूधनाथ उपाध्याय की भोजपुरी में लिखी छंदावली 'गौविलाप' की खूब चर्चा हो रही थी। कवि पंडित दूधनाथ उपाध्याय वैसे तो बलिया के रहनेवाले थे, लेकिन उनकी छंदावली की किताब पूरे पश्चिमी उत्तर प्रदेश में भी घूमने लगी थी। अलग-अलग जगहों पर लोग उसे छपवाकर बाँटने लगे। ब्रितानी सरकार को जहाँ भी मौका लगा, उस पुस्तिका को जब्त कर लिया, लेकिन 'गौविलाप' की आवाज दब नहीं पाई, क्योंकि तब के गौतम बुद्ध नगर के कई सौ गाँवों में खेती ही जीविका का प्रमुख साधन थी, इसलिए गाय की महत्ता को लोग समझते थे।

छपी हुई सामग्री का प्रभाव

मेरठ के प्रकाशन उद्योग की यात्रा का संबंध आधुनिक मेरठ शहर के विकास से रहा है। लगभग 200 वर्ष पूर्व सन् 1806 ई. में अंग्रेजों ने मेरठ में छावनी की स्थापना की थी। इसे आधुनिक मेरठ शहर की यात्रा की शुरुआत कहा जा सकता है। मेरठ में प्रकाशन उद्योग की स्थापना वहाँ छावनी की स्थापना के आस-पास ही हुई। मेरठ में पहला छापाखाना कब शुरू हुआ, इसके बारे में कोई ठोस जानकारी तो नहीं है, लेकिन सन् 1849 ई. में समाचार पत्रों और प्रिंटिंग प्रेस से संबंधित एक आधिकारिक रिपोर्ट प्रकाशित की गई थी। यह रिपोर्ट वर्तमान उत्तर प्रदेश की थी। उस रिपोर्ट के अनुसार, तब के उत्तर प्रदेश के कई शहरों में प्रिंटिंग प्रेस थीं। उनमें किताब छपाई के अलावा 29 अखबार और पत्रिकाएँ छपती थीं। तब आगरा में 7, बनारस में 4, मेरठ में 2, बरेली और कानपुर में 1-1 अखबार थे। मेरठ के प्रकाशन उद्योग के शुरुआती सालों में उर्दू में लिखी सामग्री ज्यादा छपती थी। सन् 1850 ई. के आस-पास मेरठ से एक समाचार पत्र प्रिंट शॉप में छपता था, लेकिन पत्र की सामग्री के बारे में कुछ भी पता नहीं है। सन् 1857 ई. के गदर से पहले देश में अंग्रेजों के खिलाफ माहौल था। मेरठ से प्रकाशित पुस्तकों, समाचार पत्रों और पर्चों ने अंग्रेजों के खिलाफ माहौल बनाने में मदद की। सन् 1857 ई. में जमीलुद्दीन हिज्र मेरठ से एक पत्र निकालते थे। वह दिल्ली के सादिक उल अखबार का संपादन भी करते थे। यह अखबार शाही महल भी जाता था। सन् 1857 ई. के गदर के बाद जब अंग्रेजों ने मुगलिया सल्तनत के अंतिम बादशाह बहादुर शाह जफर पर मुकदमा चलाने की कोशिश की तो इस अखबार का जिक्र बार-बार आया। इसके लिए हिज्र साहब को गिरफ्तार किया गया। उनके खिलाफ मुकदमा भी चला और उन्हें 3 साल की जेल हुई।

19वीं शताब्दी के अंतिम दशक से पहले मेरठ के प्रकाशन उद्योग में हिंदी का प्रकाशन कम होता था, लेकिन धीरे-धीरे यह परिदृश्य बदलता चला गया। इसमें दयानन्द सरस्वती का 'आर्य समाज' प्रमुख सहयोगी और मेरठ के स्थानीय निवासी पंडित गौरीदत्त शर्मा का बहुत बड़ा योगदान रहा। स्वामी दयानन्द सरस्वती के भाषणों से प्रभावित होकर देवनागरी के प्रचार-प्रसार के लिए समर्पित पंडित गौरीदत्त शर्मा ने सन् 1887 ई. में मासिक पत्र 'देवनागरी गजट' का प्रकाशन शुरू किया। सन् 1894 ई. में सिविल पब्लिशिंग हाउस का गठन हुआ। फिर मासिक पत्र 'देवनगर' का प्रकाशन शुरू किया गया। ये सभी पत्र एक ही प्रिंटिंग प्रेस में छपते थे। इसके अलावा पंडित जी ने एक उपन्यास 'देवरानी जेठानी' की कहानी भी लिखी। सन् 1870 ई. में पहली बार इसका प्रकाशन मेरठ के जैनन प्रिंटिंग

रूम में लीथो मेंथड द्वारा किया गया था। इसकी प्रति आज भी कलकत्ता (आज के कोलकाता) के राष्ट्रीय पुस्तकालय में सुरक्षित है। पंडित जी ने अपने पत्रों के माध्यम से राष्ट्रीय स्वाभिमान को बढ़ावा देने में अद्भुत भूमिका निभाई। सन् 1904 ई. के आस-पास 'बंगवासी हिंदी साप्ताहिक' अखबार भी छपने लगा था। लेकिन पश्चिमी उत्तर प्रदेश में तब के गौतम बुद्ध नगर के लोगों को मेरठ से छपनेवाले अखबार यदा-कदा ही मिल पाते थे। जिले में गिने-चुने लोगों के पास ही कई-कई दिन और कई बार कई महीने की यात्रा के बाद अखबार आते थे। एक-एक अखबार को तीन-चार गाँवों के लोग सुनते थे। कोई पढ़ा-लिखा आदमी पढ़ता और फिर बाकी दूसरे लोग सुनते। लेकिन अगर अखबार में अंग्रेजों के खिलाफ कोई बात छपी होती तो अक्सर डाकखाने में ही अखबार को जब्त कर लिया जाता था।

वैसे भारत के पहले समाचार पत्र की स्थापना सन् 1780 ई. में हुई थी। उस समाचार पत्र ने उस वक्त अंग्रेज शासन को आईना दिखाने का काम किया था। उस अखबार ने शासन को प्रेस की ताकत बताई थी। वह अखबार था, 'बंगाल गजट'। बंगाल गजट की शुरुआत जेम्स ऑगस्टस हिक्की ने की थी। आरंभ में अंग्रेजों ने अपने फायदे के लिए अखबारों का इस्तेमाल किया। चूँकि सारे अखबार अंग्रेजी में ही निकल रहे थे, इसलिए बहुसंख्यक लोगों तक खबरें और सूचनाएँ पहुँच नहीं पाती थीं। लेकिन एक दावे में बंगाल गजट ने उस वक्त भारत के गवर्नर जनरल वॉरेन हेस्टिंग्स पर आरोप लगाया था कि उन्होंने भारतीय सुप्रीम कोर्ट के चीफ जस्टिस को रिश्वत दी है।

उस अखबार में भारत के गरीबों का जिक्र किया जाता था। उन सैनिकों की खबरें प्रकाशित की जाती थीं, जो ब्रिटिश ईस्ट इंडिया कंपनी की तरफ से युद्ध में लड़ते हुए मारे गए थे। बंगाल गजट अपनी प्रभावी पत्रकारिता के कारण अंग्रेज सरकार की आँखों में चुभने लगा, खास तौर पर वॉरेन हेस्टिंग्स सबसे ज्यादा कुपित था। आखिरकार ईस्ट इंडिया कंपनी ने इस अखबार को बंद करने का फैसला सुना दिया। दूसरी तरफ हेस्टिंग्स ने हिक्की पर परिवाद दायर कर दिया। हिक्की को दोषी पाया गया और उन्हें जेल जाना पड़ा, लेकिन बंद होने से पहले बंगाल गजट, हेस्टिंग्स और सुप्रीम कोर्ट के बीच के इतने राजदार पर्दे खोल चुका था कि इंग्लैंड को इस मामले में दखल देना ही पड़ा और संसद सदस्यों ने इस मामले में जाँच बिठाई। जाँच पूरी होने के बाद हेस्टिंग्स और सुप्रीम कोर्ट के चीफ जस्टिस, दोनों को ही महाभियोग का सामना करना पड़ा।

अंग्रेजी पत्रों के अतिरिक्त बंगला, उर्दू आदि में भी पत्रों का प्रकाशन तो होता रहा, लेकिन उसका दायरा सीमित था। उसे कोई बंगाली पढ़नेवाला या उर्दू जाननेवाला ही समझ

सकता था। ऐसे में पहली बार 30 मई, 1826 को हिंदी का प्रथम पत्र 'उदंत मार्तंड' का पहला अंक प्रकाशित हुआ। यह पत्र साप्ताहिक था। 'उदंत-मार्तंड' की शुरुआत ने भाषायी स्तर पर लोगों को एक सूत्र में बाँधने का प्रयास किया। यह केवल एक पत्र नहीं था, बल्कि उन हजारों लोगों की जुबान था, जो अब तक खामोश और भयभीत थे। हिंदी में पत्रों की शुरुआत से देश में एक क्रांतिकारी परिवर्तन हुआ और फिर आजादी की जंग। इसमें समाचारों को काफी तोड़-मरोड़कर प्रस्तुत किया जाता था, ताकि अंग्रेजी सरकार के अत्याचारों की खबरें दबी रह जाएँ। अंग्रेज सिपाही किसी भी क्षेत्र में घुसकर मनमाना व्यवहार करते थे। लूट, हत्या, बलात्कार जैसी घटनाएँ आम होती थीं, लेकिन धीरे-धीरे लोगों तक देश के कोने-कोने में घट रही घटनाओं की जानकारी पहुँचने लगी। कुछ ही समय बाद इस पत्र के संपादक जुगल किशोर को सहायता के अभाव में 11 दिसंबर, 1827 को पत्र बंद करना पड़ा। 10 मई, 1829 को बंगाल से हिंदी अखबार 'बंगदूत' का प्रकाशन शुरू हुआ। यह पत्र भी लोगों की आवाज और उन्हें जोड़े रखने का माध्यम बना। इसके बाद जुलाई 1854 में श्याम सुंदर सेन ने कलकत्ता से 'समाचार सुधा वर्षण' का प्रकाशन शुरू किया। उस दौरान जिन भी अखबारों ने अंग्रेजी हुकूमत के खिलाफ कोई भी खबर या आलेख छापा, उनको इसकी कीमत चुकानी पड़ी। अखबारों को प्रतिबंधित कर दिया जाता था। उनकी प्रतियाँ जलवा दी जाती थीं और प्रकाशकों, संपादकों तथा लेखकों को दंड दिया जाता था। उन पर भारी-भरकम जुर्माना लगाया जाता था, ताकि वे दोबारा फिर वैसा काम करने की हिम्मत न जुटा पाएँ। आजादी की लहर जिस तरह पूरे देश में फैल रही थी, अखबार भी अत्याचारों को सहकर और मुखर हो रहे थे। यही वजह थी कि बंगाल विभाजन के उपरान्त हिंदी पत्रों की आवाज अधिक बुलंद हो गई। लोकमान्य तिलक ने 'केसरी' का संपादन किया और लाला लाजपत राय ने पंजाब से 'वंदे मातरम' पत्र निकाला। इन पत्रों ने युवाओं से आजादी की लड़ाई में अधिक-से-अधिक सहयोग देने का आह्वान किया। इन पत्रों ने आजादी पाने का एक जज्बा पैदा कर दिया। 'केसरी' को नागपुर से माधवराव सप्रे ने निकाला, लेकिन तिलक के उत्तेजक लेखों के कारण इस पत्र पर पाबंदी लगा दी गई।

उत्तर भारत में आजादी की जंग में जान फूँकने के लिए गणेश शंकर विद्यार्थी ने सन् 1913 ई. में कानपुर से साप्ताहिक पत्र 'प्रताप' का प्रकाशन आरंभ किया। इसमें देश के हर हिस्से में हो रहे अत्याचारों के बारे में जानकारियाँ प्रकाशित होती थीं। इससे लोगों में आक्रोश भड़कने लगा और वे ब्रिटिश हुकूमत को उखाड़ फेंकने के लिए और भी उत्साहित हो उठे। इसकी आक्रामकता को देखते हुए अंग्रेज प्रशासन

ने इसके लेखकों, संपादकों को तरह-तरह की प्रताड़नाएँ दीं, लेकिन यह पत्र अपने लक्ष्य पर डटा रहा।

इसी प्रकार बंगाल, बिहार, महाराष्ट्र के कई क्षेत्रों से पत्रों का प्रकाशन होता रहा। उन पत्रों ने लोगों में स्वतंत्रता को पाने की ललक और जागरूकता फैलाने का काम किया। अगर यह कहा जाए कि स्वतंत्रता सेनानियों के लिए ये अखबार किसी हथियार से कमतर नहीं थे तो यह गलत नहीं होगा। आजादी की लड़ाई का कोई भी ऐसा योद्धा नहीं था, जिसने अखबारों के जरिये अपनी बात कहने का प्रयास न किया हो। बाद में गांधी जी ने भी 'हरिजन' और 'यंग-इंडिया' के नाम से अखबारों का प्रकाशन किया तो मौलाना अबुल कलाम आजाद ने 'अल-हिलाल' पत्र का प्रकाशन किया। उस समय अखबारों ने अपनी खबरों से अंग्रेज हुकूमत के शीर्ष पर मौजूद ढेर सारे ताकतवर लोगों को हिला कर रख दिया था।

उस समय जो भी अखबार छपते थे, वे तब के गौतम बुद्ध नगर के इलाकों में आते भी हों, इसका कोई उल्लेख नहीं मिलता है, लेकिन अखबार में छपी खबरों पर उठी चर्चाएँ गाँवों तक जरूर पहुँचती थीं, यह सच है। बातों ही बातों में वे खबरें ढेर सारे गाँवों का दौरा कर लेती थीं। उनका सामूहिक असर पूरे देश में पड़ता था और तब के गौतम बुद्ध नगर के कई सौ गाँवों पर भी।

स्वराज हमारा जन्मसिद्ध अधिकार है!

बाल गंगाधर तिलक का जन्म महाराष्ट्र के कोंकण प्रदेश (रत्नागिरि) के चिक्कन गाँव में 23 जुलाई, 1856 को हुआ था। लोकमान्य तिलक का बचपन और शिक्षण उन परिस्थितियों में पूरा हुआ, जब देश में इस प्रथम सशस्त्र और संगठित क्रांति की असफलता के बाद अंग्रेजों के दमन का दौर चल रहा था। अंग्रेज क्रांति के प्रत्येक सूत्र का क्रूरता से दमन कर रहे थे। क्रांतिकारियों और सशस्त्र संघर्ष के सेनानियों को ढूँढ़-ढूँढ़ कर सामूहिक फाँसी दी रही थी, उनकी तलाश में गाँव के गाँव जलाए जा रहे थे। सामूहिक दमन के इस दृश्य के बीच तिलक ने होश सँभाला। यह स्वाभाविक ही था कि दमन के इन दृश्यों से उनके मानस में स्वत्व का बोध और दासत्व की विवशता का चित्रण सशक्त हुआ था। इसलिए बाल्यकाल से ही उनके मन में संगठन, संघर्ष और स्वत्वाधिकार की भावना प्रबल होती चली गई। उनके परिवार की पृष्ठभूमि सांस्कृतिक जुड़ाव की रही, इसलिए भारतीय गरिमा की कहानियाँ उन्हें कंठस्थ थीं। उन्होंने उस समय की प्रचलित आधुनिक शिक्षा की सभी

बड़ी डिग्रियाँ हासिल कीं, लेकिन उन्होंने कहा था कि अंग्रेजी शिक्षा बड़ों का अनादर सिखाती है और परिवार तोड़ना सिखाती है।

दरअसल, सन् 1857 ई. की क्रांति की असफलता के बाद देश का एक बड़ा वर्ग अंग्रेजों की शैली को अपनाने की होड़ में आगे बढ़ने लगा था। तिलक इस समूह को सतर्क करना चाहते थे। उन्होंने एक शिक्षा समिति गठित की। उसका नाम दक्षिण शिक्षा सोसायटी रखा। उसमें शिक्षा तो आधुनिक शैली में थी, मगर भारतीय चिंतन एक प्रमुख पक्ष था। इसके साथ उन्होंने दो समाचार पत्रों का प्रकाशन आरंभ किया—एक मराठी में और एक अंग्रेजी में। मराठी समाचार पत्र का नाम 'केसरी' और अंग्रेजी समाचार पत्र का नाम 'मराठा दर्पण' रखा। इन दोनों ही समाचार पत्रों में भारतीय संस्कृति की महत्ता और विदेशी शासन द्वारा दमन किए जाने का विवरण होता था।

अपनी असहमति और अंग्रेजों की दमनकारी नीतियों को तिलक ने केवल वक्तव्य या सभाओं तक ही सीमित नहीं रखा, बल्कि आलेख लिखने की भी शृंखला चलाई। उनके लेखों के कारण उन पर अनेक मुकदमे चले। कई बार सजाएँ और जुर्माना भी हुआ। सन् 1897 ई. में तो उन पर देशद्रोह का मुकदमा चला और उन्हें 6 साल की कैद हुई। अपनी इसी जेल यात्रा में तिलक ने 'गीता रहस्य' नामक ग्रंथ लिखा, जो आज भी गीता पर एक श्रेष्ठ टीका मानी जाती है। इसके माध्यम से उन्होंने देश को कर्मयोग की प्रेरणा दी।

गीता रहस्य को तिलक ने महज 5 महीने में पेंसिल से ही लिख डाला था। एक दौर में लगता था कि शायद ब्रिटिश हुकूमत उनके लिखे को जब्त ही कर ले। हालाँकि उन्हें अपनी याद्दाश्त पर बहुत भरोसा था, इसलिए उन्होंने कहा था—"डरने का कोई कारग नहीं। अभी बहियाँ सरकार के पास हैं। लेकिन ग्रंथ का एक-एक शब्द मेरे दिमाग में है। विश्राम के समय अपने बंगले में बैठकर मैं उसे फिर से लिख डालूँगा।"

जेल से छूटने के बाद उन्होंने दो उत्सव आरंभ किए। एक शिवाजी महाराज उत्सव और दूसरा गणेशोत्सव। तिलक की लेखनी से बौद्धिक वर्ग में तो क्रांति आई ही, साथ में इन उत्सवों के आयोजन से अन्य वर्गों में भी चेतना का संचार हुआ, जो आज विराट रूप ले चुका है। तिलक ने इन दोनों उत्सवों का आरंभ मनौवैज्ञानिक तरीके से किया। समाज का जो वर्ग धार्मिक भावना वाला था, वह गणेशोत्सव से जुड़ा और जो सांस्कृतिक और सामाजिक रुझान वाला वर्ग था, वह शिवाजी महाराज उत्सव से जुड़ा। तिलक के इन प्रयत्नों से समाज का प्रत्येक वर्ग जाग्रत हुआ और स्वाधीनता संघर्ष का वातावरण बनने लगा। यह उस समय के वातावरण का ही प्रभाव था कि

सन् 1905 ई. में यदि तिलक ने देवनागरी को सभी भारतीय भाषाओं की संपर्क भाषा बनाने का आह्वान किया तो पूरे देश में समर्थन मिला और जगह-जगह संस्थाएँ बनने लगीं, भाषायी आयोजन होने लगे।

लोकमान्य बाल गंगाधर तिलक ने सन् 1907 ई. में पूर्ण स्वराज्य का नारा दिया। उनका मानना था कि स्वतंत्रता भीख की तरह माँगने से नहीं मिलेगी। उन्होंने नारा दिया—स्वराज्य हमारा जन्मसिद्ध अधिकार है और हम उसे लेकर ही रहेंगे। फिर सन् 1908 ई. में उन्होंने सशस्त्र क्रांतिकारी खुदीराम बोस और प्रफुल्ल चाको जैसे आंदोलनकारियों का खुलकर समर्थन किया। यही कारण था कि बंगाल और पंजाब के क्रांतिकारी समूह तिलक जी से जुड़ गए।

ऑल इंडिया होम रूल लीग

लोकमान्य बाल गंगाधर तिलक ने एनी बेसेंट की मदद से होम रूल लीग की स्थापना की। होम रूल आंदोलन के दौरान बाल गंगाधर तिलक को काफी प्रसिद्धि मिली, जिस कारण उन्हें 'लोकमान्य' की उपाधि मिली थी। अप्रैल 1916 में उन्होंने होम रूल लीग की स्थापना की थी। इस आंदोलन का मुख्य उद्देश्य भारत में स्वराज स्थापित करना था। यह कोई सत्याग्रह आंदोलन जैसा नहीं था। इसमें 4 या 5 लोगों की टुकड़ियाँ बनाई जाती थीं, जो पूरे भारत में बड़े-बड़े राजनेताओं और वकीलों से मिलकर होम रूल लीग का मतलब समझाया करती थीं। एनी बेसेंट, जो कि आयरलैंड से भारत आई हुई थीं, ने वहाँ पर होम रूल लीग जैसा प्रयोग देखा था। उसी तरह का प्रयोग वह भारत में करना चाहती थीं।

लाल-बाल और पाल

स्वतंत्रता आंदोलन में गरम दल के नेताओं में लाला लाजपत राय (लाल), बाल गंगाधर तिलक (बाल) और विपिन चंद्र पाल (पाल) काफी मशहूर थे। तीनों गरम दल के प्रमुख नेता थे और क्रांतिकारियों के साथ मिलकर आंदोलन की योजना तैयार करते थे। सन् 1908 ई. में तिलक ने क्रांतिकारी प्रफुल्ल चाको और खुदीराम बोस के बम हमले का समर्थन किया, जिसके कारण अंग्रेजों ने उन्हें बर्मा (अब म्यांमार) की जेल में भेज दिया। जेल से छूटने के बाद वह कांग्रेस में शामिल हो गए। इससे पहले भी वह जेल भेजे जा चुके थे।

हिंदी में जासूसी लेखन के जनक कहे जानेवाले गोपाल राम गहमरी की तिलक जी पर दर्ज एक मुकदमे पर सुनवाई की एक रिपोर्ट लगभग 119 साल पहले 'श्री वेंकटेश्वर समाचार' में प्रकाशित हुई थी। 'श्री वेंकटेश्वर समाचार' समस्त भारत का अकेला ऐसा अखबार था, जिसमें उस मुकदमे का विस्तृत विवरण प्रकाशित हुआ था और देश के अन्य समाचार पत्रों ने उसी के आधार पर अपने संवाद तैयार किए थे।

तब गोपाल राम गहमरी ने लिखा था—

यह बात सन् 1897 ई. के आस-पास की है। उन दिनों मैं मध्य प्रदेश स्थित जबलपुर जनपद के पाटन अंचल के जमींदार जानकी प्रसाद शंकर प्रसाद गुरु के यहाँ उनके मुख्तार-आम के रूप में कार्यरत था। काम निश्चित ही प्रतिष्ठा का था, लेकिन साहित्य सेवा से दूर हो जाने की वजह से उसमें मेरा मन बिलकुल ही नहीं लग पाया। सन् 1893 ई. में श्री वेंकटेश्वर प्रेस के मालिक सेठ खेमराज जी ने मुझसे कहा था, "तुमने हिंदी में जिस समाचार पत्र के प्रकाशन का सुझाव मुझे दिया था, उसे जल्दी ही निकालने की व्यवस्था मैं कर रहा हूँ।"

इसके कुछ ही बरसों बाद सन् 1897 ई. में उन्होंने सचमुच ही 'श्री वेंकटेश्वर समाचार' नामक पत्र प्रकाशित करना प्रारंभ कर दिया। 'श्री वेंकटेश्वर समाचार' के निकलने का समाचार मिलते ही मैंने सेठ खेमराज से संपर्क स्थापित किया। उन्होंने तत्काल ही अपने साथ काम करने के लिए मुझे बम्बई (आज की मुम्बई) बुला भेजा। इस तरह अपनी मुख्तारी से इस्तीफा देकर मैं फौरन ही वहाँ के लिए निकल पड़ा। मैं जुलाई की तपती गरमी के मध्य मुम्बई पहुँचा। पहुँचते ही जो पहला समाचार मुझे मिला, वह यह था कि गिरगाँव डाकखाने के पीछे रहनेवाले दाजी खेर नामक वकील के घर पर पिछली रात सवा 11 बजे पुलिस सार्जेंट द्वारा लोकमान्य बाल गंगाधर तिलक को राजद्रोह के आरोप में गिरफ्तार किया जा चुका है और मुझे 'श्री वेंकटेश्वर समाचार' के लिए उस पूरे मामले की रिपोर्टिंग करनी है। पुणे में फैले प्लेग और अकाल के संबंध में शासन की कटु आलोचना करते हुए तिलक के जो अग्रलेख उनके मुख पत्र 'केसरी' में प्रकाशित हुए थे, उसके विरोध में अंग्रेज सरकार ने उनके ऊपर राजद्रोह का मुकदमा चलाया था।

गिरफ्तार होने पर सार्जेंट के साथ पुलिस कमिश्नर के यहाँ रवाना होने से पूर्व तिलक जी ने वकील दाजी खेर जी से कह रखा था कि वह जमानत पर उनको छुड़ाने की पूरी तैयारी रखें। लेकिन जब दाजी खेर को अनेकानेक प्रयत्न करने पर भी तिलक को जमानत

पर छुड़ाने में सफलता नहीं मिल पाई तो वे पुलिस कमिश्नर के बंगले में स्थित उस कमरे का द्वार खटखटाने पहुँच गए, जहाँ तिलक जी निद्रालीन थे। उनको पता चल गया था कि जमानत की व्यवस्था नहीं हो पाई है और इसलिए वह पूरे इत्मीनान के साथ अपनी नींद पूरी करने में लगे हुए थे।

प्रेसिडेंसी मजिस्ट्रेट मामले की जाँच में लगा हुआ था। उसका नाम था स्लेटर और उसने 28 जुलाई, 1897 को अपनी पड़ताल शुरू की थी। बैरिस्टर रसल और माधवराव बोड्र्स के साथ स्वयं दाजी खेर मुकदमे की पैरवी कर रहे थे। मुकदमा सेशन में भेजने का समय आया तो एक बार फिर जमानत की अर्जी पेश की गई, लेकिन पहले की तरह उसे पुन: पूरी तरह अस्वीकृत कर दिया गया। इस निर्णय से क्षुब्ध होकर दाजी खेर ने स्लेटर के फैसले के विरुद्ध उच्च न्यायालय में अपील कर दी। वहाँ गोविंद महादेव रानाडे और पार्सन्स न्यायमूर्ति की जोड़ी न्यायासन पर आसीन थी। न्यायमूर्ति द्वय ने स्लेटर के निर्णय को इस आधार पर बहाल रखा कि चूँकि दो दिन बाद ही अभियोग की सुनवाई शुरू होनेवाली है, अत: त्वरित रूप से उस पर विचार करने की कोई आवश्यकता नहीं है। अगर मुकदमा शुरू होने में विलंब हुआ तो उस अर्जी पर विचार किया जाएगा। प्रारंभिक जाँच की दूसरी पेशी 31 जुलाई को हुई। उस दिन तिलक जी की ओर से श्री दावर नामक बैरिस्टर खड़े हुए। 1 अगस्त को रविवार होने की वजह से अदालत में अवकाश था, अत: सोमवार, 2 अगस्त को बहस शुरू हो पाई। नजारा अजीब था उस दिन का। लगता था, जैसे सारी बम्बई तिलक जी की एक झलक पाने के लिए वहाँ उमड़ पड़ी हो। रास्तों में, सड़कों पर भारी भीड़ जमा हो गई थी। द्वार पर ढेर सारे भारतीय सिपाहियों के साथ 2 अंग्रेज अधिकारी अपने हाथों में हंटर लिये उस अप्रत्याशित भीड़ को नियंत्रित करने में लगे हुए थे।

मुकदमे की रपट लेने मैं वहाँ पहुँचा हुआ था, लेकिन हंटरों के आतंक से किसी को भी अंदर जाने की हिम्मत नहीं हो पा रही थी। कुछ पास पहुँचने पर मैंने पाया कि एक हंटरधारी अधिकारी मेरा पूर्व परिचित था। उस अधिकारी का नाम था डब्ल्यू.सी. जालिफ। नजदीक जाकर सलाम करने पर उसने अपने हाथों में थामे हंटर को कुछ नीचे करते हुए मुझसे कहा, "वेल बाबू, सिडिशन के मामले में एक मराठा पकड़ा गया है। टुम देखेगा क्या?" और मेरे "हाँ" कहने पर उसने मुझको अंदर पहुँचा दिया। वहाँ एक बेंच पर बैठकर मैं दावर साहब की बहस सुनने लगा। सबसे पहले केसरी के संपादक, प्रकाशक और मुद्रक का प्रश्न उठा। तिलक महोदय ने स्वीकार किया कि संपादन, प्रकाशन और मुद्रण, तीनों का उत्तरदायित्व उन्हीं पर है। 'केसरी' आर्य भूषण प्रेस में

छपता था। उसके स्वामी श्री बाल ने बयान देते हुए कहा कि वह प्रेस के मालिक मात्र हैं और केसरी में जो कुछ छपता है, उसकी कोई भी जिम्मेदारी उनकी नहीं है।

बैरिस्टर दावर ने अदालत को बताया, "केसरी पर मुकदमा चलाने मात्र से उसका प्रकाशन प्रतिबंधित नहीं हो जाता। उसके कार्य-संचालन से संबंधित कागज पत्र चूँकि तब तक व्यवस्थापक को वापस नहीं किए गए हैं, इससे सिद्ध होता है कि निरर्थक आक्रोश के वशीभूत होकर ही सरकार वैसा कर रही है। इस न्याय विरोधी कार्रवाई को अंजाम देने से पूर्व सरकार को सावधान हो जाना चाहिए था।" दावर की इस जबरदस्त और तर्कशील दलील को सुनते ही केसरी से संबंधित वे सभी कागजात तिलक जी के सॉलिसिटर को वापस कर दिए गए, जो प्रेस की तलाशी लेने के बाद पुलिस ने पुणे से मुम्बई भेजे थे।

2 अगस्त को ही लोकमान्य तिलक का मुकदमा हाई कोर्ट भेज दिया गया। न्यायमूर्ति पार्सन्स और रानाडे द्वारा जमानत की अर्जी खारिज होने के बाद बैरिस्टर दावर ने एक बार पुनः इस संबंध में न्यायालय का ध्यान आकृष्ट करने की चेष्टा की। उन्होंने उपस्थित न्यायमूर्तियों से कहा, "जेल में रहने से मेरे मुवक्किल के लिए अपनी सफाई तैयार करने में तो कठिनाई होगी ही, साथ में संबंधित आलेखों के विस्तृत अध्ययन और सुबूत पक्ष के कागजातों की अपेक्षित जानकारी के अभाव में उसके लिए किंचित आगे बढ़ पाना सर्वथा असंभव है। जेल में ज्यादा समय तक अभियुक्त के साथ मंत्रणा करना भी कठिन है। सेशन शुरू होने में भी अभी कम-से-कम एक महीने की देरी है। इसके पहले ऐसे ही मामलों में कलकत्ता (आज के कोलकाता) के कई अभियुक्तों को जमानत पर छोड़ा जा चुका है। ऐसी अवस्था में तिलक जी को भी जमानत पर मुक्ति मिलनी अपेक्षित है।"

हाई कोर्ट के न्यायासन पर उस दिन न्यायमूर्ति बदरुद्दीन तैयबजी विराजमान थे। दावरे की बहस खत्म होने से पूर्व ही उन्होंने पूछा, "आपका मुवक्किल कितने की जमानत दे सकता है?" दावर साहब ने तैयबजी के पूछते ही उतने ही जोश में जवाब दिया, "जितनी भी जमानत आप माँगें, वह हम देने के लिए तैयार हैं।" हालाँकि सरकारी वकील ने दावर और बदरुद्दीन तैयबजी की इस बातचीत में कुछ बाधाएँ डालने की कोशिश की, लेकिन अपने मन्तव्य में उसे तनिक भी सफलता नहीं मिल पाई और जमानत संबंधी वार्तालाप में कोई व्यवधान उत्पन्न नहीं हो सका।

जमानत की तैयारियाँ काफी पहले से की जा रही थीं। मुम्बई के सुप्रसिद्ध धनपति सेठ लक्ष्मीदास खेमजी 5 लाख रुपये तक अदालत को देने के लिए प्रस्तुत थे। यह सूचना

उन्होंने अपने भांजे द्वारकादास धरमजी के माध्यम से तिलक महाराज के पैरोकारों को दे रखी थी, लेकिन न्यायमूर्ति तैयबजी ने मात्र 25-25 हजार रुपयों की दो जमानतों और 50 हजार रुपये के निजी मुचलके पर तिलक जी को छोड़े जाने का आदेश सुना दिया। अदालत के बाहर जैसे ही यह खबर पहुँची, वहाँ उपस्थित हजारों लोगों ने एक स्वर में जो जय-जयकार किया, उसे कोई अब भी नहीं भूल सकता है। न्यायमूर्ति बदरुद्दीन तैयबजी अदालत के आसन से उठकर जब अपनी घोड़ा-गाड़ी पर सवार हुए, तब उन पर इतनी पुष्प-मालाओं की वर्षा हुई कि एलफिंस्टन रोड स्थित अपने घर पहुँचते ही उनकी गाड़ी पूरी तरह फूलों से ढक गई थी। उस समय अपने ताज के साथ न्यायमूर्ति का मात्र सिर लोगों को दिखाई दे रहा था। दूसरे दिन 'श्री वेंकटेश्वर समाचार' में मुकदमे का पूरा विवरण छपा था। ऐसी बातें और खबरें धीरे-धीरे देश भर में फैल जाया करती थीं। उस समय बाल गंगाधर तिलक का बड़ा नाम था। उनकी बातों का बड़ा प्रभाव गौतम बुद्ध नगर के गुर्जर समुदाय पर पड़ा था।

गुर्जर समुदाय पर तिलक प्रभाव

अंग्रेजों के खिलाफ बाल गंगाधर तिलक के गरम मिजाज की चर्चा तब के गुर्जर समाज में खूब होती थी। इसकी बड़ी वजह यह थी कि गुर्जर समुदाय भी अंग्रेजों से अपने अपमान का बदला लेना चाहता था। सन् 1857 ई. के आंदोलन में सक्रिय भूमिका निभाने के कारण अंग्रेजों ने गुर्जरों को अपराधी जाति में शामिल कर दिया था।

गुर्जर परिवार संगठन के सदस्य सुरेंद्र नागर इस बारे में अपनी राय कुछ यूँ ही रखते हैं, "अंग्रेजों ने क्रिमिनल ट्राइब एक्ट 1871 के जरिये गुर्जरों को अपराधी जाति घोषित किया था। सन् 1857 ई. में आजादी की पहली क्रांति के दौरान मेरठ में कोतवाल धन सिंह गुर्जर ने क्रांतिकारियों तक संदेश पहुँचाने के लिए अंग्रेजों के घोड़े कैदियों को दे दिए थे। फरीदाबाद, गुड़गाँव (आज का गुरुग्राम), ग्रेटर नोएडा के दादरी, सहारनपुर और गाजियाबाद क्षेत्र में गुर्जरों ने युद्ध में अंग्रेजों को बहुत हानि पहुँचाई थी। दादरी में राव उमराव सिंह को राजा घोषित कर दिया गया था। बाद में अंग्रेजों ने दमन चक्र चलाया। अंग्रेजों ने क्रिमिनल ट्राइब एक्ट 1871 पारित कर गुर्जरों को आपराधिक जाति घोषित कर दिया। क्रांति के लिए अंग्रेजों के घोड़े चोरी करने के कारण पशु चोर का तमगा भी दे दिया। गुर्जर जागीरदारों की जमीनें अपने चाटुकारों को तोहफे में दे दीं। मार्शल कौम होने के बावजूद अंग्रेजों ने सेना में गुर्जरों की रेजिमेंट नहीं बनाई।" गौतम

बुद्ध नगर के समाज सेवी और स्वतंत्रता आंदोलन के अध्येता डॉ. आनंद आर्य भी इस बात से सहमत हैं कि अंग्रेजों के खिलाफ गुर्जर समाज में जबरदस्त गुस्सा था—"अंग्रेजों से लोहा लेने के कारण अपराधी जाति में शामिल कर दिया गया था। इस अपमान से निबटने के क्रम में तिलक जैसे महान स्वतंत्रता सेनानियों के किस्से समुदाय को आत्मसंबल देने का काम करते थे।"

गौतम बुद्ध नगर में गांधी प्रभाव

इतिहास के गहरे जानकार और वरिष्ठ पत्रकार रेहान फजल लिखते हैं, "सन 1915 ई. में एक भारतीय बैरिस्टर ने दक्षिण अफ्रीका के कॅरियर को त्याग अपने देश वापस आने का फैसला किया। जब मोहनदास करमचंद गांधी मुम्बई के अपोलो बंदरगाह पर उतरे तो न वह महात्मा थे और न ही बापू। फिर भी न जाने क्यों बहुतों को उम्मीद थी कि यह शख्स अपने गैर-परंपरागत तरीकों से भारत को अंग्रेजों की गुलामी से आजाद करा लेगा। उन्होंने भारतवासियों को निराश नहीं किया। 9 जनवरी, 1915 को जब अरबिया जहाज ने मुम्बई के अपोलो बंदरगाह को छुआ तो उस समय मोहनदास करमचंद गांधी की उम्र थी 45 साल। 12 साल से उन्होंने अपनी जन्म भूमि के दर्शन नहीं किए थे। उस जमाने में सिर्फ ब्रिटिश सरकार के खास आदमियों और राजा-महाराजाओं को ही अपोलो बंदरगाह पर उतरने की अनुमति दी जाती थी। गांधी को यह सम्मान फिरोजशाह मेहता, बी.जी. हॉर्निमेन और गोपाल कृष्ण गोखले की सिफारिश पर दिया गया था। जब गांधी जहाज से उतरे तो उन्होंने एक लंबा कुर्ता, धोती और एक काठियावाड़ी पगड़ी पहनी हुई थी। उनसे मिलने आए लोगों ने या तो यूरोपियन सूट पहने हुए थे या फिर वे राजसी भारतीय पोशाक में थे। बीमार होते हुए भी उनके राजनीतिक गुरु गोपाल कृष्ण गोखले पुणे से उनसे मिलने बम्बई आए थे। एक स्वागत समारोह की अध्यक्षता फिरोजशाह मेहता ने की थी तो दूसरे समारोह में एक साल पहले जेल से छूट कर आए बाल गंगाधर तिलक मौजूद थे। इसी समारोह में जब गांधी की तारीफों के पुल बाँधे जा रहे थे तो उन्होंने बहुत विनम्रता से कहा था, "भारत के लोगों को शायद मेरी असफलताओं के बारे में पता नहीं है। आपको मेरी सफलताओं के ही समाचार मिले हैं। लेकिन अब मैं भारत में हूँ तो लोगों को प्रत्यक्ष रूप से मेरे दोष भी देखने को मिलेंगे। मैं उम्मीद करता हूँ कि आप मेरी गलतियों को नजरअंदाज करेंगे। अपनी तरफ से एक साधारण सेवक की तरह मैं मातृभूमि की सेवा के लिए समर्पित हूँ।" दक्षिण अफ्रीका में अपना लोहा

मनवाने के बाद गांधी की ख्याति भारत भी आ पहुँची थी और अंग्रेज सरकार ने उन्हें गम्भीरता से लेने का फैसला किया था।

महात्मा गांधी के पौत्र और उनकी जीवनी 'मोहन दास' लिखनेवाले राजमोहन गांधी कहते हैं, "गोखले के कहने पर गांधी बम्बई के गवर्नर विलिंगटन से मिले थे और उनके कहने पर उन्हें यह आश्वासन दिया था कि सरकार के खिलाफ कोई कदम उठाने से पहले वह गवर्नर को सूचित करेंगे। शायद सरकार भी गांधी को अपने खिलाफ नहीं करना चाहती थी, इसलिए उनके भारत आने के कुछ समय के भीतर ही उसने दक्षिण अफ्रीका में की गई उनकी सेवाओं के लिए उन्हें कैसरे-हिंद के खिताब से नवाजा था।"

हिंदुस्तान में बसने के लिए आए थे गांधी

इससे पहले सामाजिक विचारक जॉन रस्किन की पुस्तक 'अन्टू दिस लास्ट' ने गांधी के जीवन को बदलकर रख दिया था। गांधी ने यह पुस्तक ट्रेन की यात्रा के दौरान पढ़ी थी और वे उस रात सो नहीं सके थे। बाद में उन्होंने लिखा कि इस पुस्तक को पढ़ने के बाद उन्होंने ठान लिया कि वे इस पुस्तक के आदर्शों के अनुसार अपने जीवन को बदल लेंगे। (बहुत बाद में उन्होंने इस पुस्तक का सर्वोदय नाम से गुजराती में अनुवाद किया था।) रस्किन की यह पुस्तक सिखाती थी कि व्यक्ति का कल्याण सबके कल्याण में निहित है। एक वकील के काम का उतना ही मूल्य है, जितना नाई के काम का है। हर किसी को अपने काम से अपनी आजीविका कमाने का हक है।

बम्बई (आज की मुम्बई) में गांधी ने कहा था कि वे हिंदुस्तान में बसने के लिए आए हैं और जब तक बहुत जरूरी नहीं होगा, तब तक वे अफ्रीका वापस नहीं जाएँगे। न तो हिंदुस्तानी उनको जानते थे और न ही वे हिंदुस्तान को ठीक से जानते थे। उनके गुरु गोपाल कृष्ण गोखले ने उनको 'आदेश' दिया था कि पहले वर्ष उनको 'अपने कान खुले रखकर, लेकिन अपना मुँह बंद रखकर' पूरे हिंदुस्तान की यात्रा करनी चाहिए।

गांधी को सही जमीन की तलाश

यंग इंडियन के संपादक रहे जमनादास द्वारकादास ने अपनी पुस्तक 'पॉलिटिकल मेमॉयर्स' में लिखा, "मुझे याद है कि किस तरह चाइना बाग बम्बई में गुजरात सभा के तत्त्वावधान में मिस्टर जिन्ना की अध्यक्षता में एक स्वागत समारोह आयोजित किया गया था, जिसमें

गांधी की सेवाओं की तारीफ में भाषण दिए गए थे। उनकी सराहना के प्रतीकस्वरूप उन्हें सोने और चाँदी की मंजूषाएँ और सोने की हथकड़ियाँ तक भेंट की गई थीं। गांधी जी ने उन सारी चीजों को तत्काल वहीं पर सार्वजनिक नीलामी कर बेच दिया था। सोना या चाँदी उनके किसी काम का नहीं था।" गांधी के स्वागत में जो बहुत से समारोह आयोजित किए गए थे, उनमें जहाँगीर पेटिट के पेटिट हॉल के नाम से मशहूर समुद्र किनारे स्थित आलीशान बगीचे में आयोजित समारोह यादगार था। वहाँ गांधी काठियावाड़ी लंबा अँगरखा, पगड़ी और धोती पहनकर आए थे और उनके साथ कस्तूरबा थीं, जिन्होंने गुजराती शैली की सफेद साड़ी पहन रखी थी। बाकी हर कोई पश्चिमी पोशाक में था। अपनी आत्मकथा में गांधी ने लिखा था, "मिस्टर जहाँगीर पेटिट के घर पर मेरे सम्मान में दी गई पार्टी में मैंने गुजराती में बोलने की हिम्मत नहीं की। चकाचौंध कर देनेवाले वैभव से भरे उस आलीशान माहौल में मैं, जिसने अपना पूरा जीवन बँधुआ मजदूरों के बीच बिताया था, पूरी तरह से गँवार महसूस कर रहा था।"

गोखले ने उन्हें भाषण देने और जनता के सवालों का जवाब देने से बचने की सलाह दी थी। गांधी ने इस सलाह का पालन करने का आश्वासन दिया था, लेकिन वे बहुत लंबे समय तक खामोश रहने में असमर्थ रहे। उस पहले साल के दौरान उन्होंने लगभग 40 भाषण दिए थे। इनमें से ज्यादातर भाषण जनता के सवालों के जवाब में दिए गए थे। बाम्बे क्रॉनिकल को दिए गए एक साक्षात्कार में उन्होंने कहा था कि हिंदुस्तान उनका भविष्य होगा, लेकिन किस रूप में होगा, इसके बारे में उन्होंने अभी फैसला नहीं किया है।

गांधी की एक अन्य जीवनी 'गांधी : एन इलेस्ट्रेटेड बायोग्राफी' लिखनेवाले प्रमोद कपूर लिखते हैं, "दक्षिण अफ्रीका में एक नस्लवादी सरकार की ताकत से टक्कर लेने की वजह से गांधी एक हीरो रहे थे, एक कामयाब आंदोलन के सर्वमान्य नेता रहे थे, लेकिन हिंदुस्तान में, बावजूद इसके कि उन्हें व्यापक स्नेह और सम्मान प्राप्त था, उन्हें अभी भी अपने राजनीतिक पैर जमाने और एक ठोस नेता की भूमिका में उभरने की जरूरत थी। कोई बड़ा आंदोलन नहीं था, जिसमें वे शामिल हो सकते और चूँकि वे विदेश में कई साल बिताने के बाद हाल ही में लौटे थे, इसलिए वे मुख्यधारा में शामिल नहीं थे। गोखले की सलाह पर उन्होंने देश का भ्रमण और पर्यवेक्षण करते हुए एक साल गुजारा था। कांग्रेस उस समय अंग्रेजों के प्रति दृष्टिकोण को लेकर विभाजित थी। वह एक ऐसा मंच था, जिसका उपयोग असंतोष का इजहार करने के लिए जितना किया जा सकता था, उतना सक्रिय विरोध के लिए नहीं किया जा सकता था। विडंबना

यह थी कि यह एक अंग्रेज स्त्री एनी बेसेंट थीं, जो अपनी होम रूल लीग के सहारे रास्ता तैयार करते हुए हिंदुस्तान के स्व-शासन के लिए समर्पित थीं। देश की एक प्रभावशाली शख्सियत के रूप में वे उस समय गांधी से कहीं ज्यादा बेहतर ढंग से प्रसिद्ध और सम्मानित थीं।"

चम्पारण में चमत्कार

लेखक प्रमोद कपूर आगे लिखते हैं, "बिहार के एक अज्ञात-से जिले चम्पारण के साथ बना गांधी का रिश्ता उनके जीवन में निर्णायक मोड़ था। उनकी चम्पारण क्रांति नील के पौधों की खेती करनेवाले एक अशिक्षित किसान राजकुमार शुक्ला की वजह से हुई थी। वे दिसंबर 1916 में लखनऊ में आयोजित कांग्रेस के अधिवेशन में नेताओं को चम्पारण के नील के बँटाईदार किसानों की दुर्दशा की जानकारी देने के उद्देश्य से आए थे। हजारों गरीब, भूमिहीन खेतिहर मजदूरों और किसानों को उनकी आजीविका के लिए जरूरी अनाज की फसलें उगाने के बजाय नील की खेती करने पर मजबूर कर दिया गया था। अंग्रेज भूमिपतियों की फौज से आतंकित इन लोगों को छोटा-सा मुआवजा दिया जाता था, जिसने उन्हें बेहद गरीबी की हालत में ला छोड़ा था। सन् 1914 ई. में अकाल की वजह से चम्पारण के किसानों ने विद्रोह कर दिया था। राजकुमार शुक्ला ने कई नेताओं से संपर्क किया, लेकिन उनकी बात किसी ने भी नहीं सुनी, यहाँ तक कि गांधी ने भी नहीं। गांधी ने चम्पारण के बारे में कभी नहीं सुना था और इसलिए जब शुक्ला ने उनसे मिलकर उनके समक्ष पूरा किस्सा बयान किया तो गांधी ने उनकी बात पर कोई खास ध्यान नहीं दिया। शुक्ला डटे रहे, गांधी जहाँ भी जाते, वे उनके पीछे लगे रहे और उनसे प्रार्थना करते रहे कि वे किसी तरह एक दिन का समय निकालकर चम्पारण चलें।"

उस आदमी की जिद से तंग आकर आखिर गांधी उनके साथ अप्रैल 1917 में पटना पहुँचे थे। फिर वहाँ से मुजफ्फरपुर और फिर चम्पारण की यात्रा। चम्पारण में उनका प्रवास 7 महीने तक जारी रहा। इस अभियान में उनके साथ देश भर के बहुत-से राष्ट्रवादी नौजवान जुड़े, जिनमें राजेन्द्र प्रसाद, ब्रजकिशोर प्रसाद (जिनकी बेटी प्रभावती ने बाद में जयप्रकाश नारायण से विवाह किया था) और आचार्य कृपलानी शामिल थे।

गांधीवादी लेखक शांति प्रतिष्ठान के अध्यक्ष कुमार प्रशांत बीबीसी को दिए एक साक्षात्कार में कहते हैं, "गांधी जी जब चम्पारण पहुँचते हैं तो वे नौसिखिया आदमी नहीं हैं। वे परिपक्व हैं और दक्षिण अफ्रीका की बहुत बड़ी लड़ाई में विजयी होकर भारत

आए हैं। जिस तरह की परिस्थितियाँ वे चम्पारण में पाते हैं, इसी तरह के हालात से वे दक्षिण अफ्रीका में भी दो-चार हो चुके होते हैं। वे आने से पहले ही इस बात की तैयारी कर चुके होते हैं कि वहाँ पहुँचते ही उन्हें वहाँ से निकाल दिया जाएगा। वे अपना बयान भी बना कर आए हैं कि अगर उन्हें निकाला जाएगा तो उन्हें क्या कहना है? जब उन्हें नोटिस मिलता है तो वे चम्पारण के किसी दूर इलाके में हाथी पर बैठे जा रहे हैं। हाथी पर जिंदगी में पहली बार बैठे हैं। बड़ी मुश्किल से स्वयं को सँभाले हुए हैं। तभी पीछे से एक व्यक्ति साइकिल पर आता है और उन्हें नोटिस पकड़ाता है कि उन्हें जिला छोड़ देना चाहिए। वे तुरंत उस व्यक्ति के साथ चल देते हैं। वह आदमी उनसे कहता है कि पावती पर दस्तखत कर दें। उसी कागज के पीछे गांधी जिला मजिस्ट्रेट को चिट्ठी लिख देते हैं। उसमें वह लिखते हैं कि मेरे लिए संभव नहीं है कि मैं आपके आदेश को मान सकूँ। मैं जिला छोड़ कर नहीं जाऊँगा।"

चम्पारण में गांधी के साथ बिताए दिनों ने डॉ. राजेंद्र प्रसाद पर भी बड़ा प्रभाव डाला। वह अपनी आत्मकथा में लिखते हैं, "गांधी जी के साथ रहने की वजह से हमारी रोजमर्रा की जिंदगी में जबरदस्त बदलाव आ गया। मैं जाति नियमों का बहुत कड़ाई से पालन करता था और गैर-ब्राह्मण के हाथ का छुआ कुछ भी नहीं खाता था। धीरे-धीरे हम सब लोग साथ खाना खाने लगे। एक-एक कर हमने अपने सारे नौकर वापस भेज दिए। हम अपने कपड़े खुद धोते, कुएँ से खुद पानी निकालते और अपने बरतन भी खुद ही साफ करते। अगर हमें पास के गाँव में जाना होता तो हम पैदल ही जाते। ट्रेन में हम तीसरे दर्जे में सफर करते। हमने बिना पलक झपकाए अपने जीवन के सारे ऐशो-आराम छोड़ दिए थे।"

आचार्य कृपलानी ने अपनी आत्मकथा 'माई टाइम्स' में लिखा, "गांधी अपना निजी काम खुद करते थे। यहाँ तक कि अपने कपड़े भी खुद अपने हाथ से धोते थे। अपने कपड़ों के बारे में वे बहुत संवेदनशील होते थे।"

गांधी के प्रयासों का परिणाम हुआ कि किसानों की समस्याओं के लिए 'चम्पारण एग्रेरियन कमेटी' बनाई गई। गांधी जी भी इसके सदस्य बनाए गए। इस समिति की सिफारिश के आधार पर तिनकठिया व्यवस्था समाप्त कर दी गई। किसानों के लगान में कमी लाई गई और उन्हें क्षतिपूर्ति के लिए पैसे भी दिए गए।

चम्पारण की लड़ाई के दौरान 18 अप्रैल, 1917 को जब गांधी चम्पारण के मुख्यालय मोतीहारी की अदालत में पेश हुए तो साफ-साफ कहा, "ऐसा नहीं है कि कानून में मेरी आस्था नहीं है, लेकिन उनकी अंतरात्मा की आवाज कानून से कहीं बढ़ कर है।" गांधी के जीवनीकार राजमोहन गांधी लिखते हैं, "गांधी का अदालत में दिया गया वक्तव्य पूरे भारत

में एक बड़ी खबर बना। अहमदाबाद के गुजरात क्लब में जब राव साहेब हरिलालभाई इस खबर को पढ़ते हैं तो अपनी कुरसी से उछल पड़ते हैं और उनके मुँह से निकलता है—यह असली आदमी है, हमारा नायक है और बहुत बहादुर भी!"

गौतम बुद्ध नगर को भी गांधी लगे थे अपने

तब के गौतम बुद्ध नगर, जो गाँवों की आबादी में सांस लेता था, ने गांधी को बहुत करीने से अपनाया था, क्योंकि आम आदमी, जो अंग्रेजों के अत्याचार से दुखी और क्षुब्ध था, एक ऐसा नायक चाहता था, जो असली भारतीय हो और अंग्रेजों की चाल को समझता हो। गांधी के रूप में लोगों को एक उम्मीद जगी थी।

मेरठ के चौधरी चरण सिंह विश्वविद्यालय में इतिहास की प्रोफेसर डॉ. शुचि गुप्ता, जिन्होंने स्वतंत्रता आंदोलन में गौतम बुद्ध नगर के लोगों की भागीदारी पर गहन शोध किया है, कहती हैं, "महात्मा गांधी द्वारा चलाए गए असहयोग आंदोलन के समय गौतम बुद्ध नगर नामक क्षेत्र का कोई भी भौगोलिक अस्तित्व नहीं था, लेकिन सन् 1857 ई. में मेरठ में अंग्रेज शासन के खिलाफ जो जनविद्रोह शुरू हुआ था, वह सन् 1947 ई. तक अलग-अलग ढंग से चलता रहा। राम नाथ, गोपीचंद, हरशरण सिंह आदि कुछ नाम हैं, जिन्होंने महात्मा गांधी नाम को अपने जीवन जीने का आधार ही नहीं बनाया, वरन् गांधी जी के प्रत्येक विचार को जन-जन तक पहुँचा दिया। जन जागरण की इस प्रक्रिया का आरंभ असहयोग आंदोलन से हुआ।"

यह मेरठ मंडल का प्रभाव ही था कि मेरठ को खिलाफत और असहयोग आंदोलन की प्रयोगशाला बनाने के लिए बापू स्वयं यहाँ 1920, 1929 और 1931 में आए थे। मुस्लिम लीग के तीन गढ़ों में मेरठ भी अहम स्थान रखता था। यहाँ खिलाफत आंदोलन का जोर था। उस वक्त लोगों में खिलाफत के गुस्से को असहयोग आंदोलन से जोड़कर ताकत दोगुनी करने का सपना महात्मा गांधी ने बुना और मेरठ को इसकी प्रयोगशाला बनाया। एक सप्ताह के कार्यक्रम के अंतर्गत प्रथम चरण में खिलाफत आंदोलन को धार देनेवाले अली बंधु (मौलाना शौकत अली और मुहम्मद अली) 14 जनवरी, 1920 को मेरठ पहुँचे और उनके सम्मान में खिलाफत कमेटी और सिटिजंस ऑफ मेरठ ने न सिर्फ सभाएँ कीं, बल्कि जुलूस आदि भी निकलवाए।

द्वितीय चरण में स्वयं गांधी जी मेरठ पहुँचे। गांधी जी के सन् 1920 ई. के दौरे से जुड़े दस्तावेजों के अनुसार, गांधी जी 22 जनवरी की सुबह 9:30 बजे मोटर कार से मेरठ

पहुँचे। देवनागरी स्कूल में उनका भव्य स्वागत हुआ। 8 दिन के उन कार्यक्रमों ने राजनीतिक गलियारे में हलचल मचा दी। हिंदू-मुस्लिम एकता से अंग्रेजी हुकूमत भी परेशान हो गई थी। जुलूसों में नीचे की पंक्तियों को बार-बार दोहराया जाता था—

ब्रिटैनिया की अजमत फिर
देखना जहाँ में
जिस दिन बुलंद होगा कौमी निशां हमारा।
ब्रिटैनिया के साइज सर पर कुबूल होगा
हम होंगे, ऐश होगा और होम रूल होगा।

ट्रिब्यून के 12 फरवरी, 1920 के अंक में प्रकाशित खबर के अनुसार, गांधी जी ने अपने भाषण में स्वयं कहा था, "भारत की गुलामी उसी दिन से शुरू हुई, जिस दिन उसने अपनी देसी चीजों का उपयोग छोड़ दिया। ईस्ट इंडिया कंपनी का लक्ष्य कभी भी लोगों को जीतना नहीं था। उनके उद्देश्य विशुद्ध रूप से व्यावसायिक थे, परंतु हम सब जाल में फँस गए। पाखंड और चिकनी-चुपड़ी बातें करने से सच्ची एकता प्राप्त नहीं हो सकती। आप दूसरों को तो धोखा दे सकते हैं, लेकिन ईश्वर को नहीं।"

डॉ. शुचि गुप्ता कहती हैं, "गांधी जी के इन प्रेरणादायक वक्तव्यों ने मेरठ के अंतर्गत पड़नेवाले वर्तमान गौतम बुद्ध नगर क्षेत्र को भी झकझोर कर रख दिया। इस क्षेत्र के अंतर्गत पड़नेवाले गाँवों में होनेवाली जनसभाओं में ढेर सारे स्त्रियों, पुरुषों और बच्चों ने अपने हाथ में तिरंगा लेकर जन रैलियों के माध्यम से इस क्षेत्र को आंदोलित किया, यद्यपि इस आंदोलन का स्थानीय स्तर पर केंद्र मेरठ था।"

सत्याग्रह और हड़ताल के बाद गांधी जी के एक अन्य अहिंसक हथियार 'असहयोग' को दादरी, दनकौर, जेवर, बिसरख, रामपुर जागीर क्षेत्र के लोगों ने अपना हथियार बना लिया। भौगोलिक दृष्टि से दिल्ली से निकटता के कारण दिल्ली में घटनेवाली छोटी-से-छोटी घटना ने भी चिंगारी का काम किया और मेरठ मंडल के अंतर्गत आनेवाले इस क्षेत्र को जन जागरण आंदोलन के पालने के रूप में विकसित कर दिया। इसका महत्त्वपूर्ण कारण इस क्षेत्र में घट रहीं क्रांतिकारी गतिविधियाँ भी थीं। अत: गौतम बुद्ध नगर क्षेत्र राष्ट्रवादी क्रांतिकारियों की गतिविधियों के प्रमुख केंद्र और गांधी जी के आह्वान पर अहिंसावादी गतिविधियों के सम्मिश्रण के रूप में विशिष्ट केंद्र के रूप में विकसित हुआ। परिणामत: देहात भी असंतोष से आंदोलित हो रहा था। इस अवधि के किसानों ने कर नहीं चुकाए। उन्होंने औपनिवेशिक अधिकारियों का सामान ढोने से मना कर

दिया। यद्यपि यह सत्य है कि किसानों, श्रमिकों और अन्य कामगारों ने इसकी अपने ढंग से व्याख्या की तथा औपनिवेशिक शासन के साथ 'असहयोग' के लिए उन्होंने ऊपर से प्राप्त निर्देशों पर टिके रहने के बजाय अपने हितों से मेल खाते तरीकों का इस्तेमाल कर कार्रवाई की।

मेरठ मंडल के अंतर्गत हो रहे स्वदेशी जागरण के अंतर्गत किए गए प्रयासों द्वारा निर्मित खादी आश्रम से खादी की प्रतिष्ठा पूरे देश में आसमान पर पहुँच गई। छोटे-बड़े, अमीर-गरीब, सब खादी पहनकर भाई-भाई हो गए। 'पहनो स्वदेशी, फेंको विदेशी' के नारे ने हर वर्ग के जनमानस को प्रभावित किया। 30 मार्च को दिल्ली में हुई ऐतिहासिक हड़ताल ने गौतम बुद्ध नगर क्षेत्र को भी बहुत बड़ी मात्रा में प्रभावित कर दिल्ली के साथ इस क्षेत्र के जीवन को पूरा ठप कर दिया था। न स्कूल-कॉलेज चल रहे थे, न अदालतें काम कर रही थीं और न ही कारखानों में काम हो रहा था। मात्र गांधी जी के आह्वान पर लोग इतने भाव-विह्वल हो जाते कि खड़े-खड़े अपने बदन के सारे विदेशी कपड़े उतार फेंकते। गांधी मुस्कुराते और ढेर में आग लगा देते। असहयोग आंदोलन भारत में आग की तरह फैला था। उसने सबको चकित कर दिया था। उसने भारतीय स्वाधीनता आंदोलन के समीकरण भी बदल दिए थे और गांधी जी सहसा परिदृश्य के केंद्र में आ गए थे।

लेकिन फरवरी 1922 में किसानों के एक समूह ने संयुक्त प्रांत के गोरखपुर जिले के चौरी-चौरा में एक पुलिस स्टेशन पर आक्रमण कर उसमें आग लगा दी। इस अग्निकांड में कई पुलिस वालों की जान चली गई। हिंसा की इस कार्रवाई से गांधी जी नाराज हो गए। उन्होंने कहा कि लोग शायद अभी अहिंसा की असली ताकत को पहचान नहीं पाए हैं। उन्होंने यह आंदोलन तत्काल वापस लेने की घोषणा कर दी। उन्होंने जोर दिया, "किसी भी तरह की उत्तेजना को निहत्थे और एक तरह से भीड़ की दया पर निर्भर व्यक्तियों की घृणित हत्या के आधार पर उचित नहीं ठहराया जा सकता है।"

डॉ. शुचि गुप्ता कहती हैं, "इतिहासकार होने के नाते आज विश्लेषण करते हुए मैं कह सकती हूँ कि यद्यपि आंदोलन आवेगमयी भावना होती है, जो आंदोलनकारियों को श्रेष्ठता की कल्पना से भरती है, किंतु यह काल्पनिक श्रेष्ठता, निष्ठा, नैतिकता और राष्ट्र के प्रति समर्पण से ऊपर नहीं हो सकती। इस पूरे आंदोलन की प्रक्रिया में 'मारने' वाले भी हम थे और 'मरने' वाले भी हम ही थे, जबकि इतिहास प्रदर्शक और लेखक की निर्णायक भूमिका में वे विदेशी शक्तियाँ थीं, जिनसे हम कभी भी न्याय या

सत्य लेखन की उम्मीद कर ही नहीं सकते थे। साथ में हमें यह भी समझना होगा कि निष्ठा और नैतिकता के प्रयोग आवेग का एक क्षण मात्र नहीं होते, यह एक जीवनपर्यंत चलनेवाली प्रक्रिया है। आंदोलन करना उच्छृंखलता नहीं, बल्कि उत्तरदायित्व है। यह एक बुनियादी गांधीवादी मूल्य है।"

गौतम बुद्ध नगर क्षेत्र में चौरी-चौरा की घटना के पश्चात आंदोलन को स्थगित कर दिया गया, लेकिन जन जागरण का इतिहास यहाँ पर समाप्त नहीं हुआ, बल्कि इस जन आंदोलन ने ऐसी शांतिपूर्ण चक्रीय प्रक्रिया को जन्म दिया, जिसमें ऊपरी तौर पर हर तरह शांति थी, किंतु अंदर ही अंदर उसमें अनेक चक्र साथ-साथ चल रहे थे। यह जन जागरण सन् 1947 ई. में भारत को अंग्रेजी दासता से मुक्ति के पश्चात ही शांत हुआ।

गौतम बुद्ध इलाके में मुस्लिम लीग का प्रभाव

गौतम बुद्ध नगर के इलाके में गांधी को पसंद करनेवालों की कमी नहीं थी। लेकिन इस इलाके में मुस्लिम लीग का प्रभाव लगातार बढ़ता जा रहा था। इसकी वजह यह थी कि मेरठ और अलीगढ़ में मुस्लिम लीग से जुड़े कई मुस्लिम नेता रह रहे थे।

मुस्लिम लीग का मूल नाम 'अखिल भारतीय मुस्लिम लीग' था। यह एक राजनीतिक समूह था, जिसने भारत के आजादी के आंदोलन के दौरान ही एक अलग मुस्लिम राष्ट्र के लिए लोगों को प्रभावित करना शुरू किया। इस समूह को स्थापित करने में सर सैयद अहमद खान के विचारों की बड़ी भूमिका थी। वह अपने समय के सबसे प्रभावशाली मुस्लिम नेता थे। उन्होंने विभिन्न स्थानों पर न्यायाधीश के रूप में भी काम किया था और अलीगढ़ और मेरठ के इलाके में इनका जबरदस्त प्रभाव रहा। कुछ अपवादों को छोड़कर वह हमेशा कांग्रेस से दूर रहे।

मई, 1875 में उन्होंने अलीगढ़ में 'मदरसतुलउलूम' नाम से एक मुस्लिम स्कूल स्थापित किया था और उन्होंने उसे कॉलेज में बदलने की कोशिश शुरू की। उनके प्रयास से वह स्कूल वर्ष 1920 में यह अलीगढ़ मुस्लिम विश्वविद्यालय में परिवर्तित हो गया। हालाँकि उनकी मृत्यु 27 मार्च, 1898 को हृदय गति रुक जाने के कारण हुई, मुसलमानों को आगे बढ़ाने की उनकी सोच ने मुस्लिम लीग का आधार तैयार करने में महती भूमिका निभाई और उस परंपरा का विस्तार 1906 में मुस्लिम लीग की स्थापना के साथ हुआ। स्थापना की कहानी कुछ इस प्रकार है—

1 अक्टूबर, 1906 ई. को एच.एच. आगा खाँ के नेतृत्व में मुस्लिमों का एक दल वायसराय लॉर्ड मिंटो से शिमला में मिला। अलीगढ़ कॉलेज के प्रिंसिपल आर्चबोल्ड इस प्रतिनिधिमंडल के अगुआ थे। इस प्रतिनिधिमंडल ने वायसराय से अनुरोध किया कि प्रांतीय, केंद्रीय और स्थानीय निर्वाचन हेतु मुस्लिमों के लिए पृथक् रूप से निर्वाचन की व्यवस्था की जाए। इतिहासकार मानते हैं कि इस शिष्टमंडल को भेजने के पीछे अंग्रेज उच्च अधिकारियों का हाथ था। मिंटो ने उनकी माँगो का पूर्ण समर्थन किया। जिसके फलस्वरूप मुस्लिम नेताओं ने ढाका के नवाब सलीमुल्ला के नेतृत्व में 30 दिसंबर, 1906 को ढाका में 'मुस्लिम लीग' की स्थापना की। इस संस्था का प्रमुख उद्देश्य था—' भारतीय मुस्लिमों के राजनीतिक और अन्य अधिकारों की रक्षा करना।'

मोहम्मद अली जिन्ना की जिद और बढ़ते अनुयायी

मुस्लिम नेताओं, विशेषकर मुहम्मद अली जिन्ना को इस बात का भय सताता था कि स्वतंत्र होने पर भारत में सिर्फ हिंदुओं का ही वर्चस्व रहेगा। इसीलिए उन्होंने मुस्लिमों के लिए अलग से एक राष्ट्र की माँग को बार-बार दुहराया।

मोहम्मद अली जिन्ना बंबई (आज की मुंबई) के मालाबार हिल पर संगमरमर की एक अर्धचंद्राकार हवेली में रहते थे। जिन्ना छह फुट से भी ज्यादा लंबे और बेहद दुबले थे, जिनके पके हुए बाल हमेशा पीछे की तरफ सीधे कढ़े होते थे। 'लाइफ ऑफ महात्मा गांधी' लिखनेवाले अमेरिकी पत्रकार लुई फिशर लिखते हैं, "कनपटियाँ धँसी हुई थीं और गालों में गड्ढे थे, जिससे उनकी गाल की हड्डियाँ ऊँचे टीलों की तरह उठी दिखाई देती थीं। उनके दाँत खराब थे...वे गाहे-ब-गाहे ही हँसते थे।"

वह हमेशा यूरोपीय शैली के महँगे सेविले रो सूट पहना करते थे, या फिर करीने से सिली हिंदुस्तानी पोशाक जैसे कि शेरवानियाँ और कुर्ते तथा चूड़ीदार पायजामे।

जिन्ना वास्तव में एक हिंदू नाम था। उनके परिवार ने धर्मांतरण कर इसलाम अपनाया था। वे एक समृद्ध व्यापारी के बेटे थे। गांधी की ही तरह उन्होंने लंदन में कानून की पढ़ाई की थी, हिंदुस्तान लौटने पर उन्होंने बंबई में वकालत शुरू की थी और काफी नाम भी कमाया। हिंदुओं और मुसलमानों के बीच एकता कायम करना उनके शुरुआती राजनीतिक उपक्रमों में शामिल था। लेकिन जैसे ही गांधी का प्रभाव बढ़ना शुरू हुआ, वैसे ही सारी स्थिति बदल गई। जिन्ना में कटुता आ गई और उन्होंने कांग्रेस छोड़ दी। उनके और कांग्रेस के नेताओं के बीच के मतभेद खुलकर सामने आ गए। उन्होंने लुई फिशर से कहा था,

"गांधी आजादी नहीं चाहते, नेहरू नहीं चाहते कि अंग्रेज जाएँ। वे एक हिंदू राज चाहते हैं।" तब तक मुस्लिम लीग के केंद्र में आ चुके थे जिन्ना।

उधर गांधी का प्रबल विश्वास था कि अगर कांग्रेस और मुस्लिम लीग एक हो जाएँ तो भारत से अंग्रेजों की विदाई जल्द संभव है। फरवरी 1938 में महात्मा गांधी और मोहम्मद अली जिन्ना ने देश में हिंदुओं और मुसलमानों के बीच जारी तनाव का हल निकालने के लिए बातचीत शुरू की। लेकिन ये बातचीत जुलाई में नाकाम हो गई। दिसंबर में मुस्लिम लीग ने 'मुसलमानों के उत्पीड़न' की जाँच की माँग की।

महात्मा गांधी और जिन्ना ने सितंबर 1944 में पाकिस्तान की माँग पर बातचीत की, पर ये वार्ता भी नाकाम रही। इस मुद्दे पर दोनों में गहरे मतभेद थे।

एक बैठक के दौरान गांधी ने मुस्लिम लीग की कार्यकारिणी परिषद को संबोधित करने का अनुरोध किया था, लेकिन जिन्ना ने उस अनुरोध को अस्वीकार करते हुए इसे 'बेहद असामान्य ' आग्रह की संज्ञा दी।

जिन्ना को पाकिस्तान पहले चाहिए था और आज़ादी बाद में। 1946 में मुस्लिम लीग ने कैबिनेट मिशन की योजना से खुद को अलग कर लिया और आंदोलन छेड़ दिया जिसके बाद देश भर में मारकाट शुरू हो गई। सबसे पहले हिंसा कलकत्ता में 16 से 18 अगस्त,1946 के बीच शुरू हुई। 'ग्रेट कैलकटा किलिंग्स' के नाम से याद की जानेवाली इस घटना में करीब 4000 लोग मारे गए थे। 29 जनवरी,1947 को मुस्लिम लीग ने संविधान सभा को भंग करने की माँग की। फरवरी में पंजाब में भी सांप्रदायिक हिंसा शुरू हो गई। 2 जून को माउंटबेटन ने भारतीय नेताओं से विभाजन की योजना पर बात की और 3 जून को नेहरू, जिन्ना और सिख समुदाय के प्रतिनिधि बलदेव सिंह ने ऑल इंडिया रेडियो के प्रसारण में इस योजना के बारे में जानकारी दी थी। आख़िरकार 14 अगस्त को एक नया मुल्क पाकिस्तान बना और पाकिस्तान ने अपना पहला स्वतंत्रता दिवस मनाया। 14 अगस्त की रात बारह बजे ब्रिटेन और भारत के बीच सत्ता का स्थानांतरण हुआ और 15 अगस्त को भारत ने अपना पहला स्वतंत्रता दिवस मनाया।

गौतम बुद्ध नगर इलाके में पटेल का प्रभाव

सरदार वल्लभ भाई पटेल अहमदाबाद के एक अग्रणी वकील और लब्ध-प्रतिष्ठित नागरिक थे। लेखक प्रमोद कपूर अपनी किताब 'गांधी : एन इलेस्ट्रेटेड बायोग्राफी' में लिखते हैं,

"गांधी पर पहली बार उनकी दृष्टि पड़ने को लेकर कई तरह के किस्से हैं, लेकिन ये सारे किस्से यह हवाला जरूर देते हैं कि पटेल अहमदाबाद के गुजरात क्लब में एक ब्रिज की मेज के आस-पास बैठे थे। यह घटना निश्चय ही सन् 1916 ई. के अंतिम दौर की रही होगी, जब तक कि गांधी हिंदुस्तान में पर्याप्त प्रतिष्ठा अर्जित कर चुके थे। गांधी गुजराती क्लब में बोल रहे थे और जब पटेल से उनका भाषण सुनने का आग्रह किया गया तो पटेल ने जोर देकर कहा कि वे दक्षिण अफ्रीका से आए महात्मा को सुनने के बजाय अपना खेलना जारी रखेंगे।" लेखक प्रमोद कपूर आगे लिखते हैं, "वह पहली प्रतिक्रिया जल्दी ही आजादी के आंदोलन के दौरान दो लोगों के बीच विकसित हुए एक सबसे प्रगाढ़ रिश्ते में बदल गई। जब उनकी दोस्ती कायम हो गई तो पटेल ने अपनी वेशभूषा बदल दी और वे यूरोपीय सूट छोड़कर धोती-कुर्ता पहनने लगे।"

गांधी दर्शन के एक प्रसिद्ध अध्येता थॉमस वेबर के अनुसार, "वैभवशाली ढंग से रहनेवाला यह वकील गांधी ध्येयों के प्रति समर्पित लोगों के बीच एक सर्वश्रेष्ठ योद्धा बन गया।" तब भी वे एक-दूसरे के प्रति असहमति जाहिर करने पर सहमत थे। उनके बीच कई मुद्दों को लेकर असहमति थी—जब गांधी ने नमक सत्याग्रह की शुरुआत की तो इस आंदोलन के तौर-तरीके को लेकर, सन् 1936 ई. में नेहरू के अध्यक्ष बनने को लेकर और मुस्लिम लीग तथा उसके नेता एम.ए. जिन्ना के साथ उनके रिश्तों को लेकर। जनवरी 1932 से लेकर अगले 15 महीनों से ज्यादा समय तक वे पूना की यरवदा जेल में एक साथ कैद रहे। कैद की इस अवधि ने उन्हें और भी करीब ला दिया। गांधी के जीवनीकार रॉबर्ट पेन के अनुसार, "वह गांधी के लिए शहद और नीबू-पानी का शरबत तैयार करते थे, उनके लिए फल काटते थे और उनके लिए नीम के डंठल का इंतजाम करते थे, जिससे वे अपने दाँत मांजते थे। गांधी के दो-एक दाँत ही बचे थे और पटेल को यह देखना दिलचस्प लगता था कि किस तरह वे उन्हें घंटों तक साफ करते रहते थे। गांधी के कहने पर पटेल संस्कृत सीखने लगे थे।" कई इतिहासकार मानते हैं कि पटेल को हिंदुओं के पक्षधर के रूप में देखा जाता था। डॉ. शुचि गुप्ता कहती हैं, "तब के गौतम बुद्ध नगर इलाके में पटेल का प्रभाव जबरदस्त था। आम लोग उन्हें कभी न झुकनेवाले नेता के रूप में जानते थे।"

सरदार वल्लभ भाई पटेल सन् 1946 ई. में मेरठ के विक्टोरिया पार्क में कांग्रेस के 54वें अधिवेशन में शामिल हुए थे। तब सरदार पटेल ने कहा था कि तलवार का जवाब तलवार से ही दिया जा सकता है। तलवार चलानेवाले के सामने निहत्थे होकर नारेबाजी कर हम जिंदा नहीं रह सकते हैं। महात्मा गांधी के अहिंसा के सिद्धांतों पर चलनेवाली

कांग्रेस के बड़े नेताओं को सरदार पटेल की यह बात नागवार गुजरी थी, लेकिन पटेल इस सभा से बहुत पहले ही मेरठ इलाके के कई सौ गाँवों के हजारों लोगों के दिलों में लौह पुरुष बैठ चुके थे।

संदर्भ-ग्रंथ/पत्रिकाएँ/रिपोर्ट

1. दुलाली साहब एंड द ब्लैक जमींदार : रेसिज्म एंड रेवेंज इन ब्रिटिश इंडिया, लेखक—एम.जे. अकबर, प्रकाशक—ब्लूम्सबरी।
2. वैदिक हिंदूइज्म एंड द आर्या समाज : एन अपील टू एजुकेटेड हिंदूज—चित्रसेन लिटरेचर सोसाइटी फॉर इंडिया, नबू प्रेस।
3. हिस्ट्री ऑफ द फ्रीडम मूवमेंट, लेखक—एन. जयापालन, प्रकाशक—आशीष, नई दिल्ली।
4. गुफ्तगू, जुलाई-सितंबर 2020 (इलाहाबाद से प्रकाशित)।
5. बाल गंगाधर तिलक : जीवन और दर्शन, लेखक—मनोज सांखला, प्रकाशक—अंकित प्रकाशन, दिल्ली।
6. लोकमान्य बाल गंगाधर तिलक, लेखक—डॉ. सदानंद मोरे, प्रकाशक—सकल प्रकाशन, पुणे।
7. गांधी : एन इलेस्ट्रेटेड बायोग्राफी, लेखक—प्रमोद कपूर, प्रकाशक—लस्टर।
8. 'घर वापसी' जिसने बदल दिया भारत का इतिहास—रेहान फजल/बीबीसी।

अध्याय : 5

आंदोलन में पल-पल स्पंदित जीवन

उन्नीसवीं शताब्दी के अंत में दूर क्षितिज पर जो बादलों की कड़क सुनाई देती थी, वह धुआँधार आँधी बनकर हिंदुस्तानियों के दिलों से होकर गुजर रही थी। पीछे एक सर्वव्यापी विषाद और तबाही थी, लेकिन इतिहास एक क्षण के लिए भी नहीं रुका तो पूरे देश में हिंदुस्तानियों ने भी एक पल के लिए उम्मीद नहीं छोड़ी थी। लगता था, महान नेता बाल गंगाधर तिलक का नारा 'स्वराज हमारा जन्मसिद्ध अधिकार है' अब पूरा होने ही वाला है। यह वह काल था, जब गांधी आजादी की लड़ाई के अगुआ बन चुके थे। लेकिन अगर तब के गौतम बुद्ध नगर की बात करें तो यहाँ लोगों को आजादी का भरोसा सन् 1857 ई. में ही हो चुका था। "दरअसल वह खुद पर भरोसा था कि हम अंग्रेजों को वापस भेज देंगे।" स्थानीय इतिहासकार-पत्रकार शिवकुमार गोयल अपनी नई पुस्तक 'क्रांतिकारी आंदोलन' में लिखते हैं—"मेरठ में 85 हिंदुस्तानी सैनिकों को जेल से छुड़ाने में मेरठ के राष्ट्रभक्त कोतवाल धन सिंह गुर्जर का सर्वाधिक योगदान था। कोतवाल धन सिंह ने रातो-रात गाँवों के राष्ट्रभक्त ग्रामीणों को संदेश भिजवा दिया कि वे 10 मई को चुपचाप मेरठ पहुँच जाएँ। गाँवों से पहुँचे हजारों ग्रामीणों ने ही 10 मई को क्रांति का बिगुल बजाकर तहलका मचाया था।"

इतिहासकार शिवकुमार गोयल अपनी किताब में आगे लिखते हैं, "10 मई, 1857 को सायंकाल पाँच बजे हजारों ग्रामीण तथा सिपाही, गिरजाघर में प्रार्थना का घंटा बजते ही अचानक मेरठ की सड़कों पर उतर आए और फिरंगियों को ललकारने लगे। उन्होंने जेल पर धावा बोलकर 85 सिपाहियों की बेड़ी काटकर उन्हें जेल से मुक्त कराने में सफलता प्राप्त कर ली। गिरजाघर में रविवार की प्रार्थना के लिए इकट्ठे हुए अंग्रेजों पर भी आक्रमण कर उन्हें निशाना बनाया। देखते ही देखते 10 मई की रात तक पूरे मेरठ पर राष्ट्रभक्त विद्रोहियों का कब्जा हो गया। विद्रोहियों ने ग्यारह पलटनों के कर्नल लेफ्टिनेंट हंडरसन को मौत के घाट उतार दिया। योजनानुसार मेरठ पर कब्जा करने के बाद हजारों

विद्रोही दिल्ली की ओर रवाना हो गए। विद्रोह में भाग लेनेवाले सैनिकों का अन्य हजारों ग्रामीणों ने पूरा साथ दिया। रास्ते में वे तमाम बाधाएँ दूर करते हुए दिल्ली तक पहुँचने में सफल हो गए। बाद में गोरे सैनिकों के बल पर पुन: मेरठ आदि पर अधिकार करने के बाद अंग्रेजों ने कोतवाल धन सिंह गुर्जर और अन्य ग्रामीणों को फाँसी पर लटकाया। डासना, सीकरी, मोदीनगर, पसौंडा, मालगढ़, मुकीमपुर आदि गाँवों में भी लोगों पर मनमाने अत्याचार किए गए थे।"

इतिहासकार डॉ. शुचि गुप्ता कहती हैं, "अत्याचार के बाद उपजे क्षोभ ने तब के गौतम बुद्ध नगर के कई सौ गाँवों में रहनेवाले लोगों को बड़ी ताकत दी और सन् 1857 ई. के आंदोलन में भाग लेने के बाद उन्हें लगने लगा था कि वे न तो एक ऐतिहासिक नाटक के गूँगे दर्शक भर हैं और न ही उसके दयनीय शिकार। वे अपने-अपने स्तर पर अंग्रेजों का विरोध कर रहे थे।" अंग्रेजों का विरोध गांधी भी कर रहे थे, लेकिन तभी सन् 1919 ई. में अमृतसर में जलियाँवाला बाग कांड हुआ।

1,650 राउंड गोलियाँ चली थीं

379 मर्द, औरतें और बच्चे मारे गए। 1,137 घायल हुए। वह 13 अप्रैल, 1919 का दिन था, जो हर भारतीय को सदियों के लिए एक गहरा जख्म दे गया। जलियाँवाला बाग नरसंहार को व्यापक रूप से भारतीय राष्ट्रीय आंदोलन में महत्त्वपूर्ण मोड़ के रूप में देखा जाता है, जो 'अंग्रेजी राज' का क्रूर और दमनकारी चेहरा सामने लाया। इस दावे की कलई खुल गई कि अंग्रेजी राज भारतीयों के लिए वरदान है। कई इतिहासकारों का मानना है कि इस घटना के बाद भारत पर शासन करने के लिए अंग्रेजों के 'नैतिक' दावे का अंत हो गया। कुछ इतिहासकार मानते हैं कि जब महात्मा गांधी ने रॉलेट एक्ट के खिलाफ देशव्यापी हड़ताल का आह्वान किया था तो मार्च के अंत और अप्रैल की शुरुआत में कई हिस्सों में बड़े पैमाने पर प्रदर्शन हुए और उसका परिणाम 13 अप्रैल, 1919 के नरसंहार के रूप में दिखा।

इतिहासकार हरजेश्वर पाल सिंह लिखते हैं, "पंजाब को अंग्रेजी हुकूमत का गढ़ माना जाता था, जो इस बात पर गर्व करता था कि उसने राज्य में कॉलोनियों और रेलवे का विकास कर वहाँ समृद्धि लाई। सेना में यहाँ के लोगों का योगदान भी महत्त्वपूर्ण था। हालाँकि इस विकास के लिबास की आड़ में अंग्रेजी हुकूमत उन सभी उठनेवाली आवाजों को क्रूरता से कुचलना चाहती थी और यह सन् 1857 ई. के विद्रोह, 1870 के

दशक के कूका आंदोलन और साथ ही सन् 1914-15 ई. के गदर आंदोलन के दौरान देखने को मिला।

जनरल ओ. डायर को सन् 1913 ई. में पंजाब के लाला हरकिशन लाल के पीपुल्स बैंक की बर्बादी के लिए भी दोषी माना गया। इसके चलते लाहौर के व्यापारियों और खास तौर पर शहरी इलाके में रहनेवाले लोगों का सब कुछ लुट गया था। उनकी सारी बचत पर पानी फिर गया था। सन् 1917-1919 ई. के दरम्यान कीमतों में भारी उछाल आया। मजदूरी के मानकों में गिरावट आ गई, निचले पायदान पर खड़े मजदूर और पीछे धकेल दिए गए और इसका नतीजा यह हुआ कि कामगार और कारीगर घोर तंगी में घिर गए। इसी दौर में राम सरन दत्त, गोकुल चंद नारंग, सैफुद्दीन किचलू, अली खान जैसे बहुत-से राजनीतिक विचारक सामने आए, जिन्होंने ब्रिटिश राज के खिलाफ आवाज बुलंद की।"

इतिहास लेखक प्रमोद कपूर अपनी किताब 'गांधी : एन इलेस्ट्रेटेड बायोग्राफी' में लिखते हैं, "राजनीतिक विचारक डॉ. सैफुद्दीन किचलू और डॉ. सत्यपाल के निष्कासन को लेकर अमृतसर में लोग बेहद उत्तेजित थे। डायर ने 12 अप्रैल, 1919 को एक सार्वजनिक सूचना जारी कर अमृतसर में तमाम जुलूसों और सार्वजनिक सभाओं पर प्रतिबंध लगा दिया था।"

इतिहासकार हरजेश्वर पाल सिंह अपने लेख में जलियाँवाला बाग कांड को राजनीतिक विचारक डॉ. सैफुद्दीन किचलू और डॉ. सत्यपाल के निष्कासन से कुछ आगे रॉलेट एक्ट के साथ जोड़कर देखते हैं। यहाँ यह बता देना जरूरी है कि रॉलेट एक्ट 18 मार्च, 1919 को भारत की ब्रिटिश सरकार द्वारा भारत में उभर रहे राष्ट्रीय आंदोलन को कुचलने के उद्देश्य से निर्मित कानून था। यह कानून सिडनी रॉलेट की अध्यक्षता वाली सेडिशन समिति की शिफारिशों के आधार पर बनाया गया था। हरजेश्वर पाल सिंह लिखते हैं—"जब रॉलेट बिल आया तो उसका व्यापक विरोध हुआ और इन सभी घटनाक्रमों की वजह से पंजाब इस विरोध में सबसे आगे था। रॉलेट एक्ट के खिलाफ हुआ आंदोलन भारत का पहला अखिल भारतीय आंदोलन था और इसी आंदोलन ने महात्मा गांधी को 'नेशनल फिगर' के तौर पर स्थापित किया। इसके बाद ही महात्मा गांधी ने एक सत्याग्रह सभा का गठन किया और वह पूरे देश के दौरे पर निकल गए, ताकि लोगों को एकजुट कर सकें। हालाँकि गांधी कभी भी पंजाब का दौरा नहीं कर सके। वह पंजाब प्रांत में प्रवेश करने ही जा रहे थे, लेकिन इसके ठीक पहले 9 अप्रैल, 1919 को उन्हें गिरफ्तार कर लिया गया और पलवल वापस भेज दिया गया।"

9 अप्रैल को रामनवमी के दिन वहाँ लोगों ने एक मार्च निकाला। रामनवमी के मौके पर निकले इस मार्च में हिंदू तो थे ही, मुस्लिम भी शामिल हुए। मुस्लिमों ने तुर्की सैनिकों जैसे लिबास पहन रखे थे। किसी भी विरोध को कुचलने के लिए हमेशा आतुर रहनेवाला पंजाब का गवर्नर डायर उस मार्च को देखकर दंग रह गया। डायर ने उसी दिन अमृतसर के लोकप्रिय नेताओं डॉ. सत्यपाल और सैफुद्दीन को अमृतसर से निर्वासित करने का फैसला किया और ठीक उसी दिन गांधी को भी पंजाब में घुसने नहीं दिया गया और पलवल वापस भेज दिया गया।

अपने नेताओं के निर्वासन की खबर ने अमृतसर के लोगों को गुस्से से भर दिया। करीब पचास हजार की संख्या में लोग जुटे और 10 अप्रैल को अपने नेताओं की रिहाई की माँग करते हुए उन्होंने सिविल लाइन्स तक मार्च निकाला। इस मार्च के दौरान सैनिकों से उनकी मुठभेड़ भी हुई। पथराव और गोलीबारी हुई, जिसमें कई लोगों की मौत भी हो गई। गुस्साई भीड़ ने ब्रिटिश अथॉरिटी से संबद्ध प्रतीकों, मसलन—बैंक, रेलवे स्टेशन और चर्च में तोड़फोड़ शुरू कर दी। पाँच गोरे, जिनमें से तीन बैंक कर्मचारी थे और एक रेलवे गार्ड था, मारे भी गए। इस हिंसक आंदोलन का नेतृत्व मुख्य तौर पर हिंदू, सिख खत्री और कश्मीरी मुसलमान कर रहे थे। ठीक उसी दिन जालंधर के जनरल डायर को आदेश दिया गया कि वह इन हिंसक घटनाओं को सँभालने के लिए तुरंत अमृतसर पहुँचे। नागरिक प्रशासन ढह चुका था और ऐसे में संभवत: डायर को परिस्थितियों को नियंत्रण में करने के लिए बुलाया गया था। डायर का जन्म भारत में ही हुआ था और उसके पिता शराब बनाने का काम करते थे। डायर को उर्दू और हिंदुस्तानी, दोनों ही भाषाएँ बहुत अच्छे से आती थीं।

खून से रंग गया बाग

इतिहास लेखक प्रमोद कपूर अपनी किताब 'गांधी : एन इलेस्ट्रेटेड बायोग्राफी' में लिखते हैं, "बैसाखी के दिन जलियाँवाला बाग नामक एक सार्वजनिक उद्यान में भीड़ एकत्र हुई। इस जमावड़े को तमाम सभाओं पर लगाए गए प्रतिबंध का सरेआम उल्लंघन मानकर डायर ने अपने आदमियों को बिना चेतावनी दिए इस भीड़ पर गोली चलाने का आदेश दे दिया। कुछ लोगों के मुताबिक, उस दोपहर उस बंद पार्क में 20,000 से ज्यादा लोग मौजूद थे। 200 गज लंबा और 200 गज चौड़ा वह बाग चारो ओर से ऊँची-ऊँची दीवारों और सामने की ओर खुलते छज्जों से घिरा हुआ था। उसमें प्रवेश और निकास के लिए मात्र एक सँकरा-सा द्वार था।"

वह 13 अप्रैल की शाम थी। लगभग साढ़े चार बज रहे थे। जनरल डायर ने जलियाँवाला बाग में मौजूद 20 हजार से ज्यादा लोगों पर गोलियाँ बरसाने का आदेश दे दिया। वह भी बिना किसी पूर्व चेतावनी के। यह गोलीबारी करीब दस मिनट तक होती रही। जनरल डायर के आदेश के बाद सैनिकों ने करीब 1,650 राउंड गोलियाँ चलाईं। गोलियाँ चलाते-चलाते, चलानेवाले हाथ थक चुके थे और 379 जिंदा लोग लाश बन चुके थे। अनाधिकारिक तौर पर कहा जाता है कि करीब एक हजार लोगों की मौत हुई थी।

जलियाँवाला बाग पर लेखक कपिलदेव मालवीय ने 'ओपेन रेबेलियन इन पंजाब' नाम की एक चर्चित किताब लिखी है। अपनी किताब में वह एक जगह लिखते हैं, "एक स्थानीय डॉक्टर का 13 साल का बेटा मदन मोहू अपने दोस्तों के साथ खेलने रोज जलियाँवाला बाग जाया करता था। उस दिन उस पर चली गोली उसके सिर के आर-पार हो गई थी। चीख-पुकार के बीच दर्जनों लोगों ने एक बड़े पीपल के तने के पीछे आड़ ली। डायर ने अपने सैनिकों को हुक्म दिया कि वे पीपल के पेड़ को निशाना बनाएँ। बहुत-से लोग बाग की ऊँची दीवारों को लाँघने की कोशिश कर रहे थे। डायर ने अपने सैनिकों की बंदूकों की नालें उनकी तरफ मुड़वा दीं। जैसे ही गोलीबारी रोकने का आदेश दिया गया, सैनिक उतनी ही तेजी से बाहर चले गए, जिस तेजी से वे अंदर आए थे। डायर उछल कर अपनी कार में बैठा और राम बाग की तरफ बढ़ गया। उसके सैनिक उसके पीछे पैदल तेजी से मार्च करते हुए चले गए। उस रात जलियाँवाला बाग में मरनेवाले लोगों को कोई डॉक्टरी सहायता नहीं पहुँची। न ही लोगों को अपने मृतकों और घायलों को मैदान से बाहर ले जाने की इजाजत दी गई।"

बहुचर्चित किताब 'जलियाँवाला बाग-अ ट्रू स्टोरी' में किश्वर देसाई लिखती हैं, "अमृतसर में रतन देवी का घर जलियाँवाला बाग के इतने नजदीक था कि उन्होंने अपने घर से गोलियों की आवाज सुनी। वह बदहवासी की हालत में दौड़ती हुई बाग तक पहुँचीं। उनके सामने लाशों का ढेर लगा हुआ था। वह अपने पति को ढूँढ़ने लगीं। लाशों को हटाते-हटाते अचानक उनकी नजर अपने पति के मृत शरीर पर पड़ी। रतन देवी ने एक सिख व्यक्ति से अनुरोध किया कि वह उनके पति के शरीर को एक सूखी जगह पर ले जाने में उनकी मदद करे, क्योंकि जहाँ उनका शरीर था, उसके चारों तरफ खून ही खून था। उन्होंने अपने मृत पति के सिर को अपनी गोद में लिटाकर पूरी रात बिताई। उन्होंने एक हाथ में एक डंडा रखा था, जिससे वहाँ पहुँचे कुत्ते उनके ऊपर हमला न कर दें।"

उधर जलियाँवाला बाग में नरसंहार करने के बाद डायर शाम साढ़े छह बजे के आस-पास अपने कैम्प पहुँचा। उसने पूरे शहर की बिजली और पानी कटवा दिए थे। रात 10 बजे उसने शहर का एक बार फिर दौरा किया। वह यह देखना चाहता था कि लोगों के घर से बाहर न निकलने के उसके आदेश का पालन हो रहा है या नहीं?

सुबह तक बाग के ऊपर चीलें उड़ना शुरू हो गई थीं। गरमी में लाशें सड़नी शुरू हो गई थीं। तब उस समय 35 साल के एक ठेकेदार लाला नाथू राम ने कांग्रेस की जाँच समिति को बताया था, "मैं अपने बेटे और भाई को ढूँढ़ने निकला था। मुझे अपनी पगड़ी सिर पर रखने में बहुत मशक्कत करनी पड़ रही थी, क्योंकि गोश्त पाने की कोशिश में चीलें अपनी चोंचों से मेरे सिर पर झपट्टा मार रही थीं।" इस घटना के तीन महीने बाद जब कांग्रेस का प्रतिनिधिमंडल वहाँ जाँच के लिए पहुँचा तो वहाँ वातावरण में भी लाशों के सड़ने की दुर्गन्ध मौजूद थी। इससे अधिक क्रूरता की और क्या बात हो सकती थी कि लोगों के बच्चे, रिश्तेदार और बुजुर्ग जलियाँवाला बाग में घायल तड़प या मर रहे थे और लोगों को उनकी मदद करने के लिए बाहर आने की भी इजाजत नहीं थी।

डायर को उस रात सड़क पर एक भी आदमी दिखाई नहीं दिया, लेकिन पूरा शहर जाग रहा था। उस रात डायर ने जब पंजाब के लेफ्टिनेंट गवर्नर ओ. ड्वायर को अपनी रिपोर्ट भेजी तो उसमें कहा कि करीब 200 लोग मारे गए। अमरीका में भारत के राजदूत रहे नवतेज सारना ने जलियाँवाला बाग पर लंबा शोध किया है। उन्होंने पंजाब के इतिहास पर कई किताबें भी लिखी हैं। जलियाँवाला बाग पर वह लिखते हैं, "डायर के एक साथी ब्रिग्स ने कोहनी से पकड़ कर उनकी कमीज को हिलाया। मानो यह कह रहे हों कि अब बहुत हो चुका, बंद करो, लेकिन डायर ने उन्हें नजरअंदाज कर दिया। वहाँ एक अंग्रेज एस.पी. रीहेल भी मौजूद थे। रीहेल ने हंटर कमेटी के सामने गवाही देते हुए कहा था कि वहाँ की हवा में लोगों के भागने की वजह से पैदा हुई धूल थी और नीचे जमीन पर खून ही खून था।"

दस मिनट तक लगातार गोलियाँ चलती रहीं। डायर के सैनिकों ने कुल 1,650 राउंड गोलियाँ चलाईं। महात्मा गांधी ने इस घटना के विरोध में अपने सारे पदक वापस कर दिए। रवींद्रनाथ टैगोर ने वायसराय चेम्सफोर्ड को पत्र लिख कर अपनी नाइटहुड की उपाधि वापस की। उसके बाद भारतीय लोगों और अंग्रेजों के बीच जो दूरी पैदा हुई, वह बढ़ती चली गई।

जलियाँवाला बाग कांड का पूरे देश में प्रभाव पड़ा। लोग दुख में थे, गुस्से में थे। इस कांड का गौतम बुद्ध नगर पर क्या प्रभाव पड़ा था, इस पर शोध की जरूरत है। नोएडा में रह रहे स्वतंत्रता संग्राम के अध्येता डॉ. आनन्द आर्या कहते हैं, "प्रत्यक्ष रूप से ऐसे कोई प्रमाण नहीं मिले हैं कि इधर के लोग उस जघन्य कांड में शहीद हुए हों। हाँ, उस घटना की खबर इन इलाकों में पहुँची तो लोगों में बदले की भावनाएँ प्रबल हुईं।"

असहयोग आंदोलन

असहयोग आंदोलन का प्रस्ताव कांग्रेस के कलकत्ता (आज का कोलकाता) अधिवेशन में 4 सितंबर, 1920 को पारित हुआ था। गांधी जी का मानना था कि अगर असहयोग के सिद्धांतों का सही से पालन किया गया तो एक साल के अंदर अंग्रेज भारत छोड़कर चले जाएँगे। इसके तहत उन्होंने उन सभी वस्तुओं, संस्थाओं और व्यवस्थाओं का बहिष्कार करने का फैसला किया था, जिसके तहत अंग्रेज भारतीयों पर शासन कर रहे थे। उन्होंने विदेशी वस्तुओं, अंग्रेजी कानून, शिक्षा और प्रतिनिधि सभाओं के बहिष्कार की बात कही थी। खिलाफत आंदोलन के साथ मिलकर असहयोग आंदोलन बहुत हद तक कामयाब भी रहा था। महात्मा गांधी के असहयोग आंदोलन के दौरान 4 फरवरी, 1922 को कुछ लोगों की गुस्साई भीड़ ने गोरखपुर के चौरी-चौरा के पुलिस थाने में आग लगा दी थी। इसमें 23 पुलिस वालों की मौत हो गई थी। खबर यह फैली थी कि चौरी-चौरा पुलिस स्टेशन के थानेदार ने मुँडेरा बाजार में आजादी की लड़ाई के कार्यकर्ताओं को पीटा है। गुस्साई भीड़ पुलिस स्टेशन के बाहर जमा हुई थी। चौरी-चौरा कांड में तीन नागरिकों की भी मौत हो गई थी। हालाँकि चौरी-चौरा एक जगह का नाम नहीं है।

दरअसल, चौरी-चौरा कभी दो अलग-अलग गाँवों के नाम थे। रेलवे के एक ट्रैफिक मैनेजर ने इन गाँवों का नाम एक साथ किया था। उसने जनवरी 1885 में यहाँ एक रेलवे स्टेशन की स्थापना की थी। इसलिए शुरुआत में सिर्फ रेलवे प्लेटफॉर्म और मालगोदाम का नाम ही चौरी-चौरा था। बाद में जो बाजार लगने शुरू हुए, वे चौरा गाँव में लगने शुरू हुए जरूर, लेकिन उनको चौरी-चौरा बाजार कहा जाने लगा। जिस थाने को 4 फरवरी, 1922 को जलाया गया था, वो भी चौरा में ही था। इस थाने की स्थापना सन् 1857 ई. की क्रांति के बाद हुई थी। यह एक तीसरे दर्जे का थाना था।

इस हिंसा के बाद महात्मा गांधी ने 12 फरवरी, 1922 को असहयोग आंदोलन वापस ले लिया था। महात्मा गांधी के इस फैसले को लेकर क्रांतिकारियों का एक दल नाराज हो गया था। 16 फरवरी, 1922 को गांधी जी ने अपने लेख 'चौरी-चौरा का अपराध' में लिखा कि अगर यह आंदोलन वापस नहीं लिया जाता तो दूसरी जगहों पर भी ऐसी घटनाएँ होतीं। उन्होंने इस घटना के लिए एक तरफ जहाँ पुलिस वालों को जिम्मेदार ठहराया, क्योंकि उनके उकसाने पर ही भीड़ ने ऐसा कदम उठाया था तो वहीं दूसरी तरफ घटना में शामिल तमाम लोगों को स्वयं को पुलिस के हवाले करने को कहा, क्योंकि उन्होंने अपराध किया था। इसके बाद गांधी जी पर राजद्रोह का मुकदमा भी चला था और उन्हें मार्च 1922 में गिरफ्तार कर लिया गया था।

इलाके में प्रभाव

इतिहास की प्रोफेसर डॉ. शुचि गुप्ता कहती हैं, "अखिल भारतीय स्तर पर असहयोग आंदोलन 1 अगस्त, 1920 को औपचारिक रूप से शुरू हुआ था, लेकिन आंदोलन का प्रस्ताव कांग्रेस के कलकत्ता अधिवेशन में 4 सितंबर, 1920 को पारित किया गया, जिसके बाद कांग्रेस ने इसे अपना औपचारिक आंदोलन स्वीकृत कर लिया। उपनिवेशवाद की समाप्ति के लिए गांधी जी ने जनजागरण के माध्यम से जनआंदोलन चलाने का प्रयास किया। आर्थिक और सामाजिक प्रतिबंधों के साथ स्कूलों, कॉलेजों और न्यायालय प्रक्रिया का बहिष्कार कर भारतीय जनमानस को राष्ट्रीय स्तर पर जोड़ा गया, जिससे अंग्रेजी सरकार के साथ सभी ऐच्छिक संबंधों का परित्याग किया जा सके। गांधी ने कहा कि यदि असहयोग की प्रक्रिया का ठीक ढंग से पालन किया जाए तो भारत एक वर्ष के भीतर स्वराज प्राप्त कर लेगा। यहाँ यह महत्त्वपूर्ण है कि गांधी इतने बड़े जनआंदोलन नेतृत्वकर्ता होकर भी मात्र स्वराज्य की बात कर रहे थे, स्वतंत्रता की बात नहीं? यह आपसी संवाद के अंतर्गत एक अन्य प्रश्न भी हो सकता है।"

डॉ. शुचि गुप्ता आगे कहती हैं, "अपने संघर्ष का और विस्तार करते हुए उन्होंने खिलाफत आंदोलन के साथ हाथ मिला लिया, जो उस समय में तुर्की शासक कमाल अतातुर्क द्वारा समाप्त किए गए सर्व-इसलामवाद के प्रतीक खलीफा की पुनर्स्थापना की माँग कर रहा था। भारतीय उपमहाद्वीप में सन् 1921 ई. में 396 हड़तालें हुईं। इनमें करीब छह लाख श्रमिक शामिल थे। महात्मा गांधी के अमरीकी जीवनी-लेखक लुई फिशर ने लिखा है कि असहयोग भारत और गांधी जी के जीवन के एक युग का ही

नाम हो गया। असहयोग शांति की दृष्टि से नकारात्मक, किंतु प्रभाव की दृष्टि से बहुत सकारात्मक था। इसके लिए प्रतिवाद, परित्याग और स्व-अनुशासन आवश्यक थे। यह स्वशासन के लिए एक प्रशिक्षण था। सन् 1857 ई. के स्वतंत्रता संग्राम की क्रांति के बाद पहली बार असहयोग आंदोलन ने अंग्रेजी राज की नींव हिला दी।"

असहयोग आंदोलन का तब के गौतम बुद्ध नगर इलाके में भी भारी प्रभाव पड़ा था। इतिहासकार डॉ. संजीव कुमार सिंह कहते हैं, "इस आंदोलन का व्यापक जनआधार था। शहरी क्षेत्र में मध्यम वर्ग और ग्रामीण क्षेत्र में किसानों और आदिवासियों का इसे व्यापक समर्थन मिला। इसमें श्रमिक वर्ग की भी भागीदारी थी। इस प्रकार यह प्रथम जनआंदोलन बन गया। असहयोग आंदोलन के दौरान गांधी मेरठ आए तो इलाके के लोगों में जागरूकता बढ़ी।" इतिहासकार डॉ. संजीव कुमार सिंह आजादी से जुड़ी घटनाओं को सिर्फ गौतम बुद्ध नगर से जोड़कर देखने के पक्षधर नहीं हैं। वह कहते हैं—"तब मेरठ केंद्र था और आस-पास के तमाम इलाके आजादी की लड़ाई में प्रेरणा मेरठ से ही लेते थे।"

इतिहासकार डॉ. के.के. शर्मा एक इंटरव्यू में बताते हैं, "सन 1919 ई. में रॉलट एक्ट, जिसे देश में काला कानून कहा गया था, का मेरठ, गाजियाबाद, बुलंदशहर, जिसमें आज का गौतम बुद्ध नगर भी शरीक है, में जबरदस्त विरोध हुआ था। जगह-जगह सार्वजनिक प्रदर्शन किए गए। छात्रों ने हड़ताल की। इसी बीच जलियाँवाला बाग नरसंहार की घटना हुई तो मेरठ इलाके में छात्रों ने दो सप्ताह तक हड़ताल की। शहर में धारा 144 लगाने के साथ ही जनसभा करने पर पूरी तरह से रोक लगा दी गई थी। बावजूद इसके इस इलाके के उत्साहित लोगों ने सूरजकुंड में एक जनसभा की। लोगों ने अंग्रेजी सरकार के विरोध में भाषण दिए। 17 अक्तूबर को खिलाफत दिवस पर पूरा शहर बंद रहा। सन् 1921 ई. में महात्मा गांधी जब मेरठ आए तो उनका जोरदार स्वागत हुआ था। आस-पास के करीब 50 हजार लोग उनका भाषण सुनने के लिए एकत्रित हुए थे। इस आंदोलन में ढेर सारे लोग जेल भी गए। अंग्रेजों की सख्ती के बाद भी विदेशी चीजों का बहिष्कार जारी रहा।"

केंद्रीय असेंबली में बमबारी

उस जमाने में काउंसिल हाउस, जो कि आज का संसद भवन है, का शुमार दिल्ली की बेहतरीन इमारतों में किया जाता था। काउंसिल हाउस में सेफ्टी बिल पेश होने से दो दिन

पहले 6 अप्रैल, 1929 को क्रांतिकारी भगत सिंह और बटुकेश्वर दत्त, काउंसिल हाउस के असेंबली हॉल गए थे। वे यह जायजा लेने गए थे कि पब्लिक गैलरी किस तरफ है और किस जगह से वहाँ बम फेंके जा सकते हैं। वे दोनों हर हाल में यह सुनिश्चित कर लेना चाहते थे कि उनके फेंके गए बमों से किसी का नुकसान न हो। तब तक 'ट्रेड डिसप्यूट बिल' पास किया जा चुका था, जिसमें मजदूरों द्वारा की जानेवाली हर तरह की हड़ताल पर पाबंदी लगा दी गई थी। अब 'पब्लिक सेफ्टी बिल' पर अध्यक्ष विट्ठलभाई पटेल को फैसला सुनाना था। इस बिल में सरकार को संदिग्धों को बिना मुकदमा चलाए हिरासत में रखने का अधिकार दिया जाना था। बाबू कृष्णमूर्ति, चंद्रशेखर आजाद की जीवनी 'आजाद : द इनविंसिबिल' में लिखते हैं, "लाहौर में सांडर्स की हत्या के बाद क्रांतिकारियों ने तय किया कि वे सेंट्रल असेंबली में बम फेंकेंगे। चंद्रशेखर आजाद यह काम खुद करना चाहते थे, लेकिन इसके लिए उनका कोई साथी तैयार नहीं हुआ। इसके बाद भगत सिंह ने यह जिम्मेदारी उठाने की पेशकश की। चंद्रशेखर आजाद इसके सख्त खिलाफ थे। बाद में सेंट्रल कमेटी की बैठक में भगत सिंह ने सबको इस काम के लिए मना लिया। सब राजी हो गए।"

तारीख थी 8 अप्रैल

8 अप्रैल को सदन की कार्यवाही शुरू होने से कुछ मिनट पहले 11 बजे भगत सिंह और बटुकेश्वर दत्त बिना किसी की निगाहों में आए काउंसिल हाउस में दाखिल हुए। इतिहास के गहरे जानकार और वरिष्ठ पत्रकार रेहान फजल अपनी एक रिपोर्ट में लिखते हैं—"उस समय उन्होंने खाकी रंग की कमीज और हाफ पैंट पहन रखी थी। उसके ऊपर उन्होंने स्लेटी रंग का चारखाने का कोट पहन रखा था, जिसमें तीन बाहरी जेबें थीं और एक जेब कोट के अंदर थी। उन दोनों ने ऊनी मोजे भी पहन रखे थे। भगत सिंह ने एक विदेशी फेल्ट हैट लगाई हुई थी। इसका उद्देश्य था कि भगत सिंह की ऊँची कद-काठी और सुंदर व्यक्तित्व की वजह से कहीं उन्हें पहले ही न पहचान लिया जाए। उस फेल्ट हैट को लाहौर की एक दुकान से खरीदा गया था। सदन का एक भारतीय सदस्य उन्हें गेट पर पास देकर गायब हो गया था। उस समय दर्शक दीर्घा लोगों से खचाखच भरी हुई थी।"

मलविंदर जीत सिंह वराइच ने भी भगत सिंह की एक जीवनी लिखी है। किताब का नाम है 'भगत सिंह : द एटर्नल रेबेल'। उस किताब में मलविंदर जीत सिंह वराइच

ने कुछ दिलचस्प बातें लिखी हैं—"3 अप्रैल, 1929 को भगत सिंह और बटुकेश्वर दत्त ने जिन कपड़ों में वे बम फेंकने असेंबली हॉल जानेवाले थे, उन्हीं कपड़ों में कश्मीरी गेट के रामनाथ फोटोग्राफर की दुकान पर अपनी तसवीरें खिंचाई थीं। वे 6 अप्रैल को उन तसवीरों को लेने दोबारा उस दुकान पर भी गए थे।" असेंबली भवन आने से पहले भगत सिंह ने अपनी एक जेब घड़ी अपने एक साथी जयदेव को दे दी थी। मलविंदर जीत सिंह वराइच के अनुसार, उस घड़ी का इतिहास भी दिलचस्प है—"सबसे पहले वह घड़ी गदर पार्टी के एक सदस्य ने फरवरी 1915 में खरीदी थी। इसके बाद रास बिहारी बोस ने वो घड़ी 'बंदी जीवन' के लेखक शचींद्र नाथ सान्याल को दे दी। सान्याल ने वो घड़ी भगत सिंह को भेंट में दी थी।"

उस समय सदन में जॉन साइमन के अलावा मोतीलाल नेहरू, मुहम्मद अली जिन्ना, एन.सी. केलकर और एम.आर. जयकर भी मौजूद थे। रेहान फजल अपनी रिपोर्ट में आगे लिखते हैं—"भगत सिंह को यह अच्छी तरह पता था कि उनके बम इस विधेयक को कानून बनने से नहीं रोक पाएँगे। कारण था कि नेशनल असेंबली में ब्रिटिश सरकार के समर्थकों की कमी नहीं थी और दूसरे वायसराय को कानून बनानें के असाधारण अधिकार मिले हुए थे।"

भगत सिंह द्वारा बम फेंकने की घटना का बहुत सजीव वर्णन उस समय के हिंदुस्तान टाइम्स के लिए काम कर रहे मशहूर पत्रकार दुर्गा दास की किताब 'इंडिया फ्रॉम नेहरू टू कर्जन एंड आफ्टर' में भी है। दुर्गा दास के अनुसार, "8 अप्रैल को जैसे ही अध्यक्ष विट्ठलभाई पटेल, सेफ्टी बिल पर अपनी रूलिंग देने के लिए खड़े हुए, भगत सिंह ने असेंबली के फर्श पर बम लुढ़का दिया। मैं पत्रकारों की गैलरी से बाहर निकल कर प्रेस रूम की तरफ दौड़ा। मैंने एक संदेश डिक्टेट कराया और एपीआई के न्यूज डेस्क से कहा कि वो इसे लंदन में रॉयटर और पूरे भारत में फ्लैश कर दे। तब तक फोन लाइन डेड हो गई। पुलिस वालों ने तुरंत असेंबली का मुख्य द्वार बंद कर दिया और भगत सिंह और बटुकेश्वर दत्त को हिरासत में ले लिया। उठते हुए धुएँ के बीच स्पीकर विट्ठलभाई पटेल ने सदन की कार्यवाही स्थगित कर दी थी।"

भगत सिंह ने बम फेंकते समय इस बात का ध्यान रखा था कि वह उसे कुरसी पर बैठे हुए सदस्यों से थोड़ी दूरी पर लुढ़काएँ, ताकि सदस्य उसकी चपेट में न आ सकें। जैसे ही पहला बम फटा, पूरा असेंबली हॉल अँधेरे में डूब गया। दर्शक दीर्घा में भगदड़ मच गई। तभी बटुकेश्वर दत्त ने दूसरा बम फेंका। वहाँ मौजूद लोगों ने बाहर के दरवाजे की तरफ भागना शुरू कर दिया।

मशहूर पत्रकार कुलदीप नैयर की किताब 'विद आउट फियर—द लाइफ एंड ट्रायल ऑफ भगत सिंह' के अनुसार, "बम कम क्षमता के थे और इस तरह फेंके गए थे कि किसी की जान न जाए। बम फेंकने के तुरंत बाद दर्शक दीर्घा से 'इंकलाब जिंदाबाद' के नारों के साथ कुछ पर्चे नीचे गिरने लगे। उसका मजमून खुद भगत सिंह ने लिखा था। हिंदुस्तान सोशलिस्ट रिपब्लिकन एसोसिएशन पार्टी के लेटरहेड पर उसकी 30-40 प्रतियाँ टाइप की गई थीं।" उसमें से एक पर्चा वहाँ मौजूद हिंदुस्तान टाइम्स के पत्रकार दुर्गा दास के हाथ लग गया। हिंदुस्तान टाइम्स के सांध्यकालीन विशेष संस्करण में वह पर्चा छपा तो पूरे देश में तहलका मच गया। उसमें फ्रेंच शहीद अगस्त वैलां का उद्धरण था—"बहरे कानों को सुनाने के लिए धमाकों की जरूरत पड़ती है।" अंत में कमांडर इन चीफ बलराज का नाम था।

दर्शक दीर्घा में बैठे हुए भगत सिंह और बटुकेश्वर दत्त ने भागने की कोशिश नहीं की थी। वहाँ मौजूद पुलिसकर्मी इस डर से पहले उनके पास नहीं गए कि कहीं उनके पास हथियार न हों। सबसे पहले भगत सिंह ने अपनी वह ऑटोमेटिक पिस्तौल सरेंडर की, जिससे उन्होंने सांडर्स को गोलियाँ दागी थीं। हालाँकि उनको यह बात अच्छी तरह पता थी कि वह पिस्तौल सांडर्स की हत्या में उनके शामिल होने का सबसे बड़ा सुबूत है। बाद में पुलिस दोनों को अलग-अलग थानों में लेकर गई, भगत सिंह को मुख्य कोतवाली में और बटुकेश्वर दत्त को चाँदनी चौक थाने में। अलग-अलग पूछताछ से पुलिस मामले की तह तक जाना चाहती थी।

कुलदीप नैयर अपनी किताब में लिखते हैं, "ब्रिटिश खुफिया विभाग को लगा कि हैंडबिल को लिखने का स्टाइल और प्रारूप पहले भी कहीं देखा हुआ है। एक वरिष्ठ पुलिस अधिकारी को उन पोस्टरों की तफ्तीश करने के लिए लाहौर भेजा गया, जो सांडर्स की हत्या के बाद वहाँ की दीवारों पर चिपकाए गए थे। भगत सिंह द्वारा फेंके गए पर्चों और उन पोस्टरों में एक समानता थी। दोनों को हिंदुस्तान सोशलिस्ट रिपब्लिकन एसोसिएशन ने जारी किया था। दोनों के भेजनेवाले का नाम बलराज था, जो कि इस संस्था के कमांडर इन चीफ थे। दोनों का पहला शब्द नोटिस था और दोनों का अंत 'इंकलाब जिंदाबाद' के नारे से होता था।"

जैसे-जैसे जाँच बढ़ती गई, यह बात साफ हो गई कि पर्चों और पोस्टर की इबारत भगत सिंह ने ही लिखी थी। भगत सिंह पर भारतीय दंड संहिता की धारा 307 के अंतर्गत हत्या के प्रयास का मुकदमा चलाया गया। कांग्रेस पार्टी के आसफ अली ने भगत सिंह का मुकदमा लड़ा। इस कारनामे के बाद भगत सिंह और बटुकेश्वर दत्त भारतीय युवाओं

के हीरो बन गए। उनका जनसमर्थन इतना बड़ा था कि अंग्रेज सरकार ने जेल में ही अदालत लगाने का फैसला किया। यह जेल उस भवन में हुआ करती थी, जहाँ दिल्ली में इस समय मौलाना आजाद मेडिकल कॉलेज है। इस मुकदमे में अंग्रेजों के वकील थे राय बहादुर सूर्यनारायण। मुकदमे के जज थे एडिशनल मजिस्ट्रेट पी.बी. पूल। सरकार की तरफ से मुख्य गवाह थे सार्जेंट टेरी, जिन्होंने कहा था कि जब भगत सिंह को असेंबली में गिरफ्तार किया गया था तो उनके पास से पिस्तौल मिली थी। भगत सिंह के खिलाफ 11 लोगों ने गवाही दी। जब भगत सिंह को अदालत में बोलने की अनुमति दी गई तो उन्होंने अदालत से अनुरोध किया कि उन्हें जेल में अखबार मुहैया कराने के आदेश दिए जाएँ, लेकिन अदालत ने उनका अनुरोध ठुकरा दिया। 10 जून को मुकदमा समाप्त हुआ और 12 जून को फैसला सुना दिया गया। अदालत ने भगत सिंह और बटुकेश्वर दत्त को जान-बूझ कर विस्फोट करने का दोषी पाया, जिससे लोगों की जान जा सकती थी। उन दोनों को आजीवन कारावास की सजा सुनाई गई। इसके बाद हाई कोर्ट ने 13 जनवरी, 1930 को भगत सिंह और बटुकेश्वर दत्त की अपील खारिज कर दी और उन्हें 14 सालों के लिए जेल भेज दिया गया। बाद में सांडर्स की हत्या के आरोप में भगत सिंह को फाँसी मिली।

नोएडा के नलगढ़ा में बनी थी बम फेंकने की रणनीति

हिंडन और यमुना नदियों के बीच और कभी बेहद दलदली भूमि रहा ग्रेटर नोएडा का नलगढ़ा अब सेक्टर-145 का एक हिस्सा है। यह गाँव आलीशान आवासीय टॉवरों और छह लेन वाले नोएडा-ग्रेटर नोएडा एक्सप्रेस-वे से घिरा हुआ है। सन् 1927 ई. में जब भगत सिंह ने लाला लाजपत राय की मृत्यु का बदला लेने के लिए एक ब्रिटिश अधिकारी सांडर्स को मार डाला तो ब्रिटिश सरकार ने एक कठोर कानून 'पब्लिक सेफ्टी बिल' पेश किया था। इस बिल में सरकार को संदिग्धों को बिना मुकदमा चलाए हिरासत में रखने का अधिकार था। कहते हैं कि उन्हीं दिनों भगत सिंह अपने कुछ क्रांतिकारी दोस्तों के साथ नलगढ़ा आए। नलगढ़ा में भगत सिंह और उनके कई क्रांतिकारी साथी कई सालों तक रहे। दिल्ली असेंबली में बम फेंकने की योजना भगत सिंह ने नलगढ़ा गाँव में ही बनाई। नलगढ़ा से क्रांतिकारी पैदल यमुना को पार कर दिल्ली गए थे। यहाँ से सभी क्रांतिकारी एक साथ निकले, जिसके बाद अलग-अलग हो गए। इस गाँव में भगत सिंह के साथी राजगुरु और सुखदेव भी बार-बार आते-जाते रहे।

वे लोग यहाँ आजाद हिंद फौज के क्रांतिकारी करनैल सिंह के साथ आते-जाते थे। आज भी करनैल सिंह का परिवार इस गाँव में रह रहा है। उनके घर के पास बने गुरुद्वारे में आज भी वह पत्थर रखा हुआ है, जिस पर क्रांतिकारी गोले-बारूद को आजमाते थे। करनैल सिंह के परिजनों की मानें तो भगत सिंह नलगढ़ा गाँव में छह साल तक रहे। यहाँ रहकर उन्होंने आजादी की लड़ाई के लिए ढेर सारी रणनीतियाँ तैयार कीं। दिल्ली से नलगढ़ा की दूरी महज 25 किलोमीटर है। यहाँ के लोग बताते हैं कि दिल्ली से सटे होने की वजह से इस गाँव को क्रांतिकारी पसंद करते थे।

करनैल सिंह की पुत्रवधू मनजीत कौर संधू के पास उस दौर की ढेर सारी बातें सुनाने को हैं, जो उनको समय-समय पर घर के बड़े-बूढ़े बताते रहे हैं। यादों की गलियों में जाते ही वह अक्सर भावुक हो जाती हैं। उनके घर में वो खोल भी है, जिसमें बारूद भरकर बम तैयार किया जाता था। वह अपने श्वसुर करनैल सिंह की उस सीटी को दिखाना भी नहीं भूलतीं, जिसके बजते ही आजाद हिंद फौज के सभी जवान एक लाइन में खड़े हो जाते थे। गांधी जी की चिट्ठी से लेकर करनैल सिंह के पासपोर्ट तक, सारी चीजें उन्होंने अपने पास सँभालकर रखी हैं। बम बनाने में जिस पत्थर का प्रयोग भगत सिंह ने किया था, गुरुद्वारे में रखा वह पत्थर दूर-दूर से आए लोगों की जिज्ञासाओं का केंद्र है। उस पत्थर पर जगह-जगह गड्ढे बने हैं। इसमें बारूद को भरकर उसे पक्का किया जाता था। मनजीत कौर कहती हैं, "इस इलाके में अक्सर बाढ़ आती थी और इधर तब बहुत घने जंगल थे। ऐसे में क्रांतिकारियों को ढूँढ़ पाना आसान नहीं था। बारिश के समय सूरजपुर से नलगढ़ा तक नाव से सफर होता था और लोग यमुना पार कर दिल्ली जाया करते थे।"

स्वतंत्रता संग्राम के अध्येता डॉ. आनन्द वत्स भी कहते हैं, "भगत सिंह ने असेंबली में जो बम फेंके थे, वे नलगढ़ा में ही बनाए गए थे, लेकिन नलगढ़ा को वह पहचान कभी नहीं मिली, जो इस गाँव का हक था।"

और फिर सविनय अवज्ञा आंदोलन

फरवरी, 1930 में कांग्रेस कार्यसमिति ने पूर्ण स्वराज्य प्राप्त करने के लिए सविनय अवज्ञा आंदोलन प्रारंभ करने का अधिकार महात्मा गांधी को दे दिया। इससे पूर्व 1928 के मध्य सरदार बल्लभभाई पटेल के नेतृत्व में किसानों ने बारडोली (जनपद सूरत) में एक सफल सत्याग्रह किया था और सरकार को भूमि कर देने से इनकार कर दिया था। इसलिए कांग्रेस

को यह तरीका काफी प्रभावशाली लगा। आंदोलन प्रारंभ करने से पूर्व महात्मा गांधी ने एक बार फिर सरकार से समझौता करने का प्रयत्न किया और इसके लिए इरविन को 2 मार्च, 1930 को एक पत्र लिखा। इस पत्र में 11 माँगों का उल्लेख किया गया, जो जनवरी 1930 में सरकार के समक्ष प्रस्तुत की गई थीं। माँगों में भूमि कर में 50 प्रतिशत की कमी, नमक और सरकार द्वारा नमक पर एकाधिकार की समाप्ति, तटीय संचार पर भारतीयों के लिए आरक्षण, देसी कपड़ा उद्योगों को संरक्षण देना आदि प्रमुख थे। महात्मा गांधी ने यह भी कहा कि यदि अंग्रेज सरकार ने इन माँगों को पूरा नहीं किया तो वह 12 मार्च, 1930 को नमक कानून का उल्लंघन करेंगे।

अंतत: अंग्रेज सरकार की उदासीनता की अति होने पर गांधी जी ने 12 मार्च, 1930 को गुजरात के साबरमती से दांडी तक जाकर नमक सत्याग्रह किया। 6 अप्रैल, 1930 को दांडी पहुँचकर उन्होंने समुद्र तट पर नमक कानून को तोड़ा और देशवासियों से भी खुल कर नमक बनाने का आह्वान किया। 4 मई, 1930 को गांधी की गिरफ्तारी के बाद कर बंदी को भी इस कार्यक्रम में शामिल कर लिया गया। तब अंग्रेज सरकार ने यह अनुभव कर लिया कि आंदोलन को शक्ति से नहीं दबाया जा सकता। कांग्रेस के सहयोग के बिना कोई समस्या का समाधान नहीं हो सकता। अत: देश में अच्छा वातावरण बनाने के लिए 26 जनवरी, 1931 को गांधी जी को जेल से रिहा कर दिया गया। तेज बहादुर सप्रू और श्री जयकर के प्रयत्नों से 17 फरवरी, 1931 को दिल्ली में गांधी जी और अंग्रेज गर्वनर इरविन के बीच बातचीत आरंभ हुई और 5 मार्च, 1931 को दोनों में एक समझौता हो गया, जिसे गांधी-इरविन पैक्ट नाम दिया गया।

गांधी-इरविन पैक्ट की शर्तें थीं—"सरकार सभी अध्यादेशों और चालू मुकदमों को वापस ले लेगी, जो आंदोलन के दौरान दर्ज किए गए। सरकार उन सभी राजनीतिक बंदियों को मुक्त कर देगी, जिन्होंने हिंसा का मार्ग नहीं अपनाया। समुद्र के पास रहनेवाले लोगों को सरकार बिना टैक्स के नमक बनाने और इकट्ठा करने की अनुमति देगी। विदेशी कपड़ों, शराब और अफीम की दुकानों पर सरकार शांतिपूर्वक धरना रखने देगी और उसमें रुकावट उत्पन्न नहीं करेगी। सरकार सत्याग्रहियों की जब्त की हुई संपत्ति वापस कर देगी।"

कांग्रेस की ओर से गांधी जी ने जो बातें स्वीकार कीं, वे थीं—"कांग्रेस सविनय अवज्ञा आंदोलन को स्थगित कर देगी। पुलिस द्वारा किए गए अत्याचारों के बारे में निष्पक्ष जाँच की माँग छोड़ दी जाएगी। कांग्रेस दूसरे गोलमेज सम्मेलन में भाग लेगी। कांग्रेस सारे बहिष्करों को बंद कर देगी, लेकिन स्वदेशी का प्रचार जारी रखेगी।"

गांधी-इरविन पैक्ट की मिश्रित प्रतिक्रिया हुई। गांधी जी ने इसे उचित बताया, क्योंकि पहली बार सरकार ने भारतीय नेताओं के साथ समानता के स्तर पर बातचीत की थी, किंतु जवाहरलाल नेहरू और सुभाष चंद्र बोस, गांधी जी के इस मूल्यांकन से सहमत नहीं थे, क्योंकि एक तरफ कांग्रेस के सामने पूर्ण स्वाधीनता का लक्ष्य था और दूसरी ओर गांधी जी ने महत्त्वपूर्ण विषयों को अंग्रेजों के हाथों में रखना स्वीकार कर लिया था।

भारत छोड़ो आंदोलन

सन् 1942 ई. में गांधी जी ने भारत छोड़ने के लिए ब्रिटिश सरकार के खिलाफ सख्त रवैया अपनाया। उसी दौर में गांधी ने 'करो या मरो' का आह्वान किया, लेकिन आंदोलन शुरू होने से पहले ही गांधी जी और कांग्रेस के अन्य सभी नेताओं को जेल में डाल दिया गया। इस प्रकार लोग नेताविहीन रह गए। लोगों ने इसे एक चुनौती के रूप में लिया और उत्पीड़न, सामूहिक बैठकों, जुलूस आदि का सहारा लिया। सरकार ने उन सभी पर प्रतिबंध लगा दिया और अधिकांश स्थानों पर धारा 144 लगा दी। पुलिस ने जबरदस्ती सार्वजनिक सभाओं को तितर-बितर किया। यहाँ तक कि जनता पर गोलीबारी भी की। नेताओं की अनुपस्थिति में लोगों ने स्वेच्छा से उनके विरोध में जो कुछ भी कर सकते थे, किया। लोगों ने रेलवे लाइनों को बाधित किया, पुलिस और रेलवे स्टेशनों को जला दिया, टेलीफोन और टेलीग्राफ पोल को नष्ट कर दिया। विद्रोह को छात्रों, किसानों, श्रमिकों और निम्न-मध्यम वर्ग के लोगों द्वारा उकसाया गया था। कुछ स्थानों पर लोगों ने समानांतर सरकार स्थापित की। सरकार खुले आंदोलन को भारी हाथ से कुचलने में सक्षम थी, लेकिन भूमिगत आंदोलन लंबे समय तक जारी रहा। जयप्रकाश नारायण, राम मनोहर लोहिया और श्रीमती अरुणा आसफ अली आदि के नेतृत्व में सोशलिस्ट पार्टी ने भूमिगत आंदोलन के आयोजन में बड़े पैमाने पर भाग लिया।

इस आंदोलन का असर बड़े पैमाने पर तब के गौतम बुद्ध नगर में भी महसूस किया गया। स्थानीय इतिहासकार बताते हैं कि उस दौर में यहाँ भी लोगों ने रेलवे लाइनों को बाधित किया था। आस-पास के रेलवे स्टेशनों पर तोड़-फोड़ की थी। टेलीग्राफ पोल को नष्ट किया था।

बोस के साथ था गौतम बुद्ध नगर

महान नेता सुभाष चंद्र बोस का एकमात्र लक्ष्य भारत की आजादी था। वह एक स्पष्ट वक्ता थे। अंग्रेजों से भारत को आजाद कराने के लिए वह लगातार सक्रिय रहे। सन्

1897 ई. में कटक में जन्मे सुभाषचंद्र बोस, गांधी से 28 बरस छोटे थे। कलकत्ता विश्वविद्यालय से उन्होंने इंडियन सिविल सर्विस की परीक्षा दी। उन्होंने मैरिट लिस्ट में चौथा नम्बर प्राप्त किया, लेकिन फिर त्याग-पत्र दे दिया था। शुरू-शुरू में वह महात्मा गांधी के साथ देश की आजादी के आंदोलन में शरीक थे, लेकिन बाद में विचारों में भिन्नता की वजह से गांधी और कांग्रेस से अलग हो गए।

लेखक प्रमोद कपूर अपनी किताब 'गांधी : एन इलेस्ट्रेटेड बायोग्राफी' में लिखते हैं, "सन 1931 ई. में लंदन की गोल कॉन्फ्रेंस में गांधी द्वारा संपूर्ण स्वाधीनता की माँग न किए जाने के लिए बोस ने उनकी आलोचना की। इसके पहले सन् 1927 ई. में जब गांधी और दूसरे नेता हिंदुस्तान के लिए ब्रिटिश राजतंत्र के अधीन स्वायत्त शासन (डोमिनियन स्टेट्स) की चर्चा कर रहे थे तो नौजवान और उतावले बोस चिल्लाए थे—भारत आजाद होगा, सवाल सिर्फ इतना ही है कि कब?"

सन् 1938 ई. में बोस ने कांग्रेस अध्यक्ष पद का चुनाव जीत लिया। एक साल बाद इस पद के लिए फिर चुनाव न लड़ने की गांधी की सलाह की अवहेलना करते हुए बोस ने चुनाव लड़ा और इस बार गांधी द्वारा नामांकित प्रत्याशी डॉ. पट्टाभि सीतारमैया को पराजित कर जीत हासिल की। गांधी इससे नाखुश हुए। उन्होंने इसे अपनी निजी क्षति घोषित किया। इससे व्यथित होकर बोस ने इस्तीफा दे दिया और ऑल इंडिया फारवर्ड ब्लॉक नाम से अपनी अलग पार्टी स्थापित कर ली।

बोस का मानना था कि जब अंग्रेज द्वितीय विश्व युद्ध में फँसे हैं, तभी उनकी राजनीतिक अस्थिरता का फायदा उठाते हुए स्वतंत्रता के प्रयास किए जाने चाहिए, न कि यह इंतजार करना चाहिए कि युद्ध की समाप्ति पर अंग्रेज हमें स्वतंत्रता दे दें। उन्होंने भारत को द्वितीय विश्व युद्ध में शामिल किए जाने का विरोध किया। अंग्रेजों ने उन्हें जेल में डाल दिया। उन्होंने जेल में भूख हड़ताल कर दी। इसके बाद अंग्रेजों ने उन्हें जेल से निकाल कर उनके ही घर में नजरबंद कर दिया। 7 अप्रैल, 1941 को बोस भाग निकले और अफगानिस्तान होते हुए यूरोप पहुँच गए। वे काबुल, मास्को और बर्लिन में रहे। उस वक्त वे रोम में थे, जब जर्मनी ने युद्ध के दौरान रूस पर हमला कर दिया। बोस जर्मनी भी पहुँचे। वहाँ युद्ध का मोर्चा देखा और युद्ध लड़ने की ट्रेनिंग ली।

जर्मनी में रहने के दौरान उन्हें जापान में रह रहे आजाद हिंद फौज के संस्थापक रासबिहारी बोस ने आमंत्रित किया। डॉ. राजेंद्र पटोरिया अपनी किताब 'नेताजी सुभाष' में लिखते हैं, "4 जुलाई, 1943 को सिंगापुर के कैथे भवन में एक समारोह में रासबिहारी बोस ने आजाद हिंद फौज की कमान सुभाष चंद्र बोस के हाथों में सौंप दी।"

इसके बाद सुभाष चंद्र बोस ने आजाद हिंद फौज़ के सर्वोच्च सेनापति की हैसियत से स्वतंत्र भारत की अस्थायी सरकार बनाई, जिसे जर्मनी, जापान, फिलिपींस, कोरिया, चीन, इटली, आयरलैंड समेत नौ देशों ने मान्यता भी दे दी। उन्होंने आजाद हिंद फौज को बेहद शक्तिशाली बना लिया। फौज को आधुनिक युद्ध के लिए तैयार करने की दिशा में जन, धन और उपकरण जुटाए। डॉ. राजेंद्र पटोरिया लिखते हैं, "आजाद हिंद फौज की ऐतिहासिक उपलब्धि यह थी कि उसने जापान की मदद से अंडमान निकोबार द्वीप समूह को भारत के पहले स्वाधीन भू-भाग के रूप में प्राप्त किया।"

आजाद हिंद सरकार ने हर क्षेत्र से जुड़ी योजनाएँ बनाई थीं। उसका अपना बैंक था, अपनी मुद्रा थी, अपना डाक टिकट था, अपना गुप्तचर तंत्र था, अपनी एक मजबूत सेना थी। बोस ने आजाद हिंद फौज में महिला रेजिमेंट का गठन किया था, जिसे रानी झाँसी रेजिमेंट भी कहा जाता था। इसकी कमान कैप्टन लक्ष्मी स्वामीनाथन के हाथों में थी।

इंफाल और कोहिमा के मोर्चे पर कई बार भारतीय ब्रिटेश सेना को आजाद हिंद फौज ने युद्ध में हराया भी था, लेकिन जर्मनी और इटली की हार के साथ ही सन् 1945 ई. में द्वितीय विश्व युद्ध समाप्त हो गया। जब यह युद्ध खत्म होने ही वाला था, तभी 6 और 9 अगस्त, 1945 को अमरीका ने जापान के दो शहरों—हिरोशिमा और नागासाकी पर एटम बम गिरा दिए। इसके बाद जापान ने आत्मसमर्पण कर दिया।

किताब 'नेताजी सुभाष' में डॉ. राजेंद्र पटोरिया ने लिखा है, "जापान की हार के बाद बेहद कठिन परिस्थितियों में फौज ने आत्मसमर्पण कर दिया और फिर सैनिकों पर लाल किले में मुकदमा चलाया गया। जब यह मुकदमा चल रहा था तो पूरा भारत भड़क उठा और जिस भारतीय सेना के बल पर अंग्रेज राज कर रहे थे, वे विद्रोह पर उतर आए।" सैनिक विद्रोह के बाद अंग्रेज अच्छी तरह समझ गए कि अब शासन मुश्किल है। इसके कुछ ही महीनों के बाद आजादी की घोषणा हुई।

आजाद हिंद फौज में गौतम बुद्ध नगर के लोग

ऐतिहासिक तथ्य यह है कि नोएडा से लगभग 70 किलोमीटर दूर स्थित पलवल में नेताजी सुभाष बोस आए थे। इस आगमन ने इलाके के लोगों को जोश से भर दिया था, क्योंकि सबकी नजर में सुभाष चंद्र बोस बहुत बड़े हीरो थे। तब नेताजी पलवल के गांधी सेवाश्रम में एक कोठरी के शिलान्यास के लिए आए थे।

आजादी के आंदोलन के दौरान 10 अप्रैल, 1919 को राष्ट्रपिता महात्मा गांधी की पहली गिरफ्तारी की याद को चिरस्थायी बनाए रखने के लिए नेताजी सुभाष चंद्र बोस ने पलवल आकर गांधी सेवाश्रम की नींव रखने की इच्छा पलवल (जनपद फरीदाबाद, राज्य हरियाणा) के लोगों से जाहिर की थी। नेताजी की इच्छा जान पलवल के लोहिया सिंगला परिवार ने गांधी सेवाश्रम के लिए अपनी जमीन तक दान कर दी थी, जिसके बाद 2 अक्तूबर, 1938 को पलवल आकर नेताजी सुभाष चंद्र बोस ने गांधी सेवाश्रम की नींव रखी। नेताजी के पलवल आगमन के गवाह रहे उस समय के लोग तो अब नहीं रहे, लेकिन उनके द्वारा अपने बच्चों को सुनाई गई नेताजी की गाथा उनके बच्चों से आज भी युवाओं को सुनने को मिलती है। गांधी सेवाश्रम के शिलान्यास वाले दिन के गवाह स्वतंत्रता सेनानी गोबिंद राम बेधड़क के पुत्र और गांधी सेवाश्रम के सदस्य एस.पी. मित्तल बड़े गर्व से लोगों को बताया करते हैं—"मेरे पिता ने कई बार पूरी कहानी बताई थी। नेताजी ऊँची गरदन वाले सफेद घोड़े पर सवार थे। आधारशिला रखने के पश्चात उन्होंने पुराने सरकारी अस्पताल के पास आजादी के दीवानों की सभा को संबोधित करते हुए युवाओं से आजादी के आंदोलन में कूदने का आह्वान किया। यही कारण रहा कि भारत छोड़ो आंदोलन में बड़ी संख्या में यहाँ के युवाओं की भागीदारी रही। जिस कोठरी का 2 अक्तूबर, 1938 को नेताजी ने शिलान्यास किया था, वह कोठरी आज राष्ट्रपिता महात्मा गांधी की पहली गिरफ्तारी की यादों को सँजोए हुए है। नेताजी का पलवल आना इस पूरे इलाके को जोश से भर देने जैसा था। यहाँ के बच्चे-बच्चे की जुबान पर उनका नाम था। यही वजह है कि जब आजाद हिंद फौज में जाने की बारी आई तो यहाँ के लोग पीछे नहीं रहे।

टिटहरा गाँव के वंशाराम लोहिया आजाद हिंद फौज में थे। ग्रेटर नोएडा के सलेमपुर गुर्जर गाँव के निवासी जसवन्त भाटी भी आजाद हिंद फौज में शरीक हुए थे। नेताजी सुभाष चंद्र बोस की आजाद हिंद फौज में कैप्टन के पद पर तैनात कैप्टन अब्बास अली, जो बुलंदशहर से एमएलसी भी रहे, का भी आज के गौतम बुद्ध नगर से गहरा नाता रहा। उन्होंने सन् 1944 ई. में रंगून से अराफान कूच किया और अराफान की लड़ाई में हिस्सा लिया था। वह अंडमान की सेल्युलर जेल में तिरंगा झंडा फहरानेवालों में से एक थे। उन्हें गिरफ्तार किया गया था और मुकदमा चला कर फाँसी की सजा सुनाई गई थी। वह मुलतान के किले में बंद अपनी शहादत का इंतजार कर रहे थे, तभी नेहरू-माउंटबेटन समझौता हुआ और उनकी फाँसी टल गई।

नोएडा के नलगढ़ा में आजाद हिंद फौज के कर्नल करनैल सिंह की पुत्रवधू मनजीत कौर संधु अपने परिवार के साथ आज भी रहती हैं। मनजीत कौर संधु बताती हैं कि आजादी

के बाद उनके ससुर कर्नल करनैल सिंह वापस नलगढ़ा लौट गए थे। करनैल सिंह की पुत्रवधू मनजीत कौर संधु के पास अभी भी वो सीटी मौजूद है, जिसके बजते ही आजाद हिंद फौज के सभी जवान एक लाइन में खड़े हो जाते थे। करनैल सिंह के बारे में इस गाँव की यादें बहुत सीमित हैं। स्थानीय इतिहासकार-पत्रकार और 'क्रांतिकारी आंदोलन' के लेखक शिवकुमार गोयल स्वीकार करते हैं कि आजादी के दौर के ढेर सारे नायकों के नाम हमने भुला दिए। सरकारी दस्तावेजों में भी उनके नाम नहीं हैं। बाद में हमने उसी को स्वतंत्रता सेनानी माना, जिनको सरकार से पेंशन मिली।

संदर्भ-ग्रंथ/पत्रिकाएँ/रिपोर्ट

1. गांधी : एन इलेस्ट्रेटेड बायोग्राफी, लेखक—प्रमोद कपूर, प्रकाशक—लस्टर।
2. क्रांतिकारी आंदोलन, लेखक—शिवकुमार गोयल।
3. नेताजी सुभाष, लेखक—डॉ. राजेंद्र पटोरिया।
4. विदआउट फियर द लाइफ एंड ट्रायल ऑफ भगत सिंह, लेखक—कुलदीप नैयर।
5. भगत सिंह : द एटर्नल रेबेल, लेखक—मलविंदर जीत सिंह वराइच।
6. इंडिया फ्रॉम नेहरू टू कर्जन एंड आफ्टर, लेखक—दुर्गा दास।
7. आजाद : द इनविंसिबिल, लेखक—बाबू कृष्णमूर्ति।

अध्याय : 6

हर जीवन ने जुर्माना भरा था

एक गुलाम देश में एक आम आदमी अगर आजादी की बातें करता था और आजादी के बारे में सोचता था तो क्या सोचता था? इस सवाल का जवाब बहुत आसान नहीं है। इतिहास की प्रोफेसर डॉ. शुचि गुप्ता कहती हैं, "उस समय लोगों की सोच, आजादी पाने की रणनीतियाँ और जनमानस की राय, ये सब राष्ट्रीय नेताओं के विचारों और उनके कामों से बदलते रहते थे।"

एक हद तक यह बात ठीक भी है। अगर गांधी के आगमन के बाद के दिनों पर विचार करें तो देश भर के लोगों की जिज्ञासाएँ इस बात को लेकर भी थीं कि उनके बड़े नेता तब क्या कर रहे थे। लोगों की जिज्ञासा इस बात को लेकर होती थी कि सुभाष चंद्र बोस क्या कर रहे हैं? गांधी से उनके रिश्ते अब कैसे हैं? सरदार बल्लभभाई पटेल का अब अगला कदम क्या होगा? क्या सचमुच जवाहरलाल नेहरू और पटेल में दूरियाँ हैं? क्या गांधी, नेहरू को ज्यादा पसंद करते हैं?

प्रोफेसर डॉ. शुचि गुप्ता कहती हैं, "इस बात में कोई दो राय नहीं कि पूरे देश के हजारों या लाखों लोगों की तरह तब के गौतम बुद्ध नगर के लोगों के मन में भी ऐसे सवाल उठते ही थे। जाहिर है, उस समय संवाद के माध्यम बहुत कम थे। बहुत कम लोगों तक अखबार आ पाते थे। ऐसे में आपस की चर्चा और समाज के कुछ पढ़े-लिखे लोगों की बातों से आम आदमी की सोच को बड़ा संबल मिलता था।" ऐसे में आजादी की लड़ाई में गौतम बुद्ध नगर की भागीदारी पर बात करने से पहले कुछ हद तक गांधी को और गांधी-नेहरू के रिश्ते को भी समझना जरूरी है।

मोतीलाल को पसंद नहीं

लेखक प्रमोद कपूर ने अपनी किताब 'गांधी : एन इलेस्ट्रेटेड बायोग्राफी' में नेहरू और गांधी के रिश्तों पर बड़ी जानकारी भरी बातें लिखी हैं—"गांधी और जवाहरलाल नेहरू

के बीच एक जटिल किस्म का रिश्ता था। उनकी मुलाकात पहली बार दिसंबर 1916 में कांग्रेस के लखनऊ अधिवेशन के दौरान हुई थी। अपनी आत्मकथा में नेहरू ने लिखा था, "वे हममें से ज्यादातर नौजवानों को बहुत विशिष्ट और गैर-राजनीतिक व्यक्ति लगते थे। तब उन्होंने कांग्रेस या राष्ट्रीय राजनीति में भाग लेने से इनकार कर दिया था और खुद को दक्षिण अफ्रीका के हिंदुस्तानी मसले तक सीमित कर रखा था। उसके बाद जल्दी ही चम्पारण में उनके साहसिक और फतह ने हम सबको उत्साह से भर दिया।" गांधी के प्रति नेहरू का मुक्त सराहना भाव उनके पिता मोतीलाल को बहुत नहीं सुहाता था। वे अपने बेटे के गांधी के प्रभाव में होने के खिलाफ थे।"

अपनी पुस्तक 'नेहरू : द मेकिंग ऑफ इंडिया' में एम.जे. अकबर लिखते हैं, "पक्के तौर पर कोई नहीं जानता कि मोतीलाल में बदलाव क्यों आ गया था, लेकिन उनके खतों को पढ़ने से यह बात साफ है कि उन्हें इस बात का अहसास हो गया था कि अगर वे इस नाजुक मौके पर गांधी का साथ नहीं देते तो अपने बेटे से हाथ धो बैठते।"

प्रमोद कपूर लिखते हैं, "गांधी और नेहरू ने एक ऐसा रिश्ता गढ़ा था, जो एक साथ राजनीतिक भी था और व्यक्तिगत भी। हैरो और कैम्ब्रिज में शिक्षित नेहरू दूसरे कांग्रेसी नेताओं की तरह गांधीवादी नहीं थे। दोनों के बीच जीवन और विचारधारा संबंधी नजरिये में अंतर था, लेकिन गांधी के प्रति नेहरू की वफादारी और नेहरू के प्रति गांधी के प्रेम और ममत्व में कभी कमी नहीं आई।"

खुद नेहरू ने डिस्कवरी ऑफ इंडिया में लिखा है, "...और फिर गांधी आए। वे ताजा हवा के उस तेज झोंके की तरह थे, जो हमें अँगड़ाई और गहरी सांस लेने को प्रेरित कर देता था, रोशनी की उस किरण की तरह, जो अँधेरे को भेद देती थी और हमारी आँखों पर पड़े परदे को हटा देती थी, उस बवंडर की तरह, जो बहुत सारी चीजों को तहस-नहस कर देता था, लेकिन सबसे ज्यादा लोगों के दिमाग के काम करने के ढंग को तहस-नहस कर देता था।"

जब गांधी ने सन् 1922 ई. में चौरी-चौरा की घटना के बाद अपना असहयोग आंदोलन वापस ले लिया था तो मोतीलाल और जवाहरलाल को काफी निराशा हुई थी। लेकिन फरवरी 1924 में अपेंडिसाइटिस के ऑपरेशन के बाद जब गांधी रिहा हुए थे तो उसके बाद जल्दी ही कांग्रेस कार्यकारी समिति की बैठक के समानांतर एक दिलचस्प घटना हुई थी। एक आदमी भविष्यवाणी करने और भाग्य बाँचने के लिए प्रसिद्ध एक सुसज्जित बैल लेकर आया, जिससे गांधी के दोस्त जमनालाल बजाज ने पूछा था, "गांधी हम लोगों में किसको सबसे ज्यादा पसंद करते हैं। बैल ने हर किसी को सूँघते हुए एक चक्कर लगाया

और अंत में वह निर्णायक ढंग से सिर हिलाता हुआ जवाहरलाल के सामने जाकर खड़ा हो गया। उस बैल की यह भविष्यवाणी दो दशक बाद सही होने जा रही थी।"

एक अलग रास्ते पर गांधी

खुद गांधी किस दिशा में थे? 'गांधी : एन इलेस्ट्रेटेड बायोग्राफी' में लेखक प्रमोद कपूर ने गांधी को बहुत ही सलीके से परखा है—"23 सितंबर, 1939 को ब्रिटेन ने जर्मनी के साथ युद्ध की घोषणा कर दी। एक दिन पहले वायसराय लिनलिथगो ने गांधी को शिमला आमंत्रित करके उन्हें ब्रिटेन के युद्ध में शामिल होने की सूचना देते हुए उनसे सहयोग की माँग की थी। गांधी की सहानुभूति ब्रिटेन के साथ थी, लेकिन अपने इस दृष्टिकोण की वजह से वे अलग-थलग पड़ गए। उन्होंने कहा था, "मुझे अफसोस है कि मैं अपने इस विचार के मामले में अकेला पड़ गया हूँ कि अंग्रेजों को जो भी सहयोग दिया जाना है, वह बिना किसी शर्त और अहिंसक रूप से दिया जाना चाहिए।"

कांग्रेस के नेतृत्व का इस बारे में स्पष्ट फैसला यह था कि जब तक युद्ध के बाद हिंदुस्तान को स्वाधीनता का पक्का आश्वासन नहीं दिया जाता, तब तक वह युद्ध का समर्थन नहीं करेगा। इस संकट की समीक्षा के लिए वर्धा में कांग्रेस कार्यसमिति की बैठक हुई। 21 जुलाई, 1940 को उसने घोषणा कर दी कि वह अहिंसा के मामले में 'गांधी का पूर्ण समर्थन' नहीं करेगी। नेहरू ने बाद में अपनी आत्मकथा में लिखा था, "गांधी एक रास्ते पर चले गए और कांग्रेस कार्यसमिति दूसरे रास्ते पर चली गई।" कांग्रेस की प्रतिक्रिया आंशिक रूप से इसलिए भी थी कि वायसराय लिनलिथगो ने कांग्रेस के कुछ खास नेताओं से कहा था कि अगर कांग्रेस ने ब्रिटेन के युद्ध उपक्रमों का समर्थन नहीं किया तो वह मुहम्मद अली जिन्ना और मुस्लिम लीग का सहारा लेंगे।

इस मुद्दे पर हिंदुस्तान विभाजित होकर उभरा, क्योंकि मुहम्मद अली जिन्ना, डॉ. भीमराव अम्बेडकर, रजवाड़े और कांग्रेस में से प्रत्येक ने अपनी-अपनी शर्तों के साथ युद्ध में अपना समर्थन देने के लिए वायसराय से संपर्क किया। यह 19 साल में पहली बार था, जब गांधी के नौजवान सहयोगियों ने उनके खिलाफ मतदान किया था। लिनलिथगो ने एक बार फिर गांधी से मुलाकात की और उन्हें संकेत दिया कि मुसलमानों की सहमति के बगैर ब्रिटेन कांग्रेस को हिंदुस्तान पर शासन करने की इजाजत नहीं देगा। यह पहली बार था, जब मुसलमानों को हिंदुस्तान के भविष्य पर वीटो का अधिकार दिया गया। अंग्रेजों ने मुस्लिम लीग और उसके नेता मुहम्मद अली जिन्ना के महत्त्व को स्वीकार कर लिया था।

और फिर जब मिली आजादी

15 अगस्त, 1947 को लाखों हिंदुस्तानियों के लिए एक ऐतिहासिक दिन था, लेकिन स्वतंत्रता आंदोलन के मुख्य नेता महात्मा गांधी के लिए यह बिलकुल अलग वजहों से एक खास दिन था। यह उनके निकटतम सहयोगी महादेव देसाई की पाँचवीं पुण्यतिथि भी थी। वे कलकत्ता (आज का कोलकाता) के बेलियाघाट में एक मुसलमान के पुराने जर्जर मकान हैदरी मंजिल में ठहरे हुए थे और उस दिन आम दिनों से एक घंटा पहले रात दो बजे उठ गए। पिछले पाँच सालों के हर 15 अगस्त की तरह उन्होंने उपवास रखा और अपने दिवंगत सचिव की पुण्य स्मृति में समूची भगवद्गीता का पाठ किया। वे हिंदुस्तान की नवगठित सरकार द्वारा स्वतंत्रता के जश्न में भागीदारी के लिए दिल्ली आमंत्रित किए गए थे, लेकिन उन्होंने इस निमंत्रण को अस्वीकार करते हुए कलकत्ता (आज का कोलकाता) में रहकर हिंदुओं और मुसलमानों के बीच शांति-स्थापना का काम करने का चुनाव किया। हत्यारों का एक ऐसा नया समूह तैयार हो चुका था, जिसकी साम्प्रदायिक रक्तपिपासा की कोई सीमा नहीं थी। उसका लक्ष्य सुविचारित, सुनियोजित हत्याकांड करते हुए हिंदुओं को मारना था। गांधी इस बात को समझ गए थे कि नोआखाली की हिंसा एक ऐसी महामारी थी, जिसको अगर रोका नहीं जाता तो वह हिंदुस्तान को तबाह कर सकती थी। उन्होंने श्रीरामपुर गाँव में एक अस्थायी आश्रम स्थापित किया और अपने दल के लोगों को अलग-अलग गाँवों में जाकर शांति का प्रचार करने का आदेश दिया। इस दल में अन्य लोगों के अलावा सुशीला नय्यर, प्यारेलाल, दो स्त्री अनुयायी, बीबी अम्तुस सलाम तथा सुशीला पई और कनु गांधी शामिल थे।

प्रमोद कपूर लिखते हैं, "प्रार्थना सभा में बहुत थोड़े-से मुसलमान शामिल हुए और गांधी उनके बैर-भाव को महसूस कर पा रहे थे। अक्सर उनके देखने में आता था कि जिस पगडंडी का वे इस्तेमाल करते थे, उस पर लोग शौच कर जाया करते थे। एक बार तो एक मुसलमान ने उनके चेहरे पर थूक तक दिया था। वे दहल गए थे, लेकिन शांत बने रहे और अपने रास्ते चलते रहे। उन्हें किसी हद तक अपनी हत्या कर दिए जाने की आशंका बनी रहती थी। उन्होंने कहा था कि अगर उनका इस तरह का अंत होता है तो वे उसका स्वागत करेंगे। बंगलादेश के सुदूरवर्ती इलाके नोआखाली दंगों के दौरान अंदाजन 5,000 हिंदू मारे गए थे। चश्मदीदों के मुताबिक, दंगों में कई गाँव जलकर राख हो गए थे और हजारों लोगों को अपनी जान बचाने के लिए घर छोड़कर भागना पड़ा था। उपद्रवी भीड़ ने हजारों लोगों को मौत के घाट उतार दिया था और सैकड़ों महिलाओं के साथ

बलात्कार किया था। मीडिया में आई खबरों में बताया गया कि कैसे हजारों अल्पसंख्यक समुदाय के हिंदुओं का जबरदस्ती धर्म परिवर्तन करवाकर उनसे इसलाम धर्म अपनाने को कहा गया था। इतना ही नहीं, इन लोगों को मुसलमानों की तरह कपड़े पहनने और गाय का मांस खाने के लिए भी मजबूर किया गया था।"

ब्रिटिश शासन खत्म होने के बाद भारत और पाकिस्तान का जन्म हुआ था और पूर्वी बंगाल तब पाकिस्तान का हिस्सा हुआ करता था। समाजसेवी और शांति कार्यकर्ता झरना चौधरी सिर्फ आठ साल की थीं, जब सन् 1946 ई. में पूर्वी बंगाल में साम्प्रदायिक दंगे भड़क गए थे। झरना चौधरी उस समय की घटना को याद करते हुए कहती हैं, "हमारे घरों को जला दिया गया था, जिसमें हमारे कई रिश्तेदारों की मौत हो गई थी। हमें अपनी जान बचाने के लिए पड़ोसी राज्य असम भागना पड़ा था।" नोआखाली में हिंसा की यह घटना भारत के तत्कालीन राज्य कलकत्ता में हुए साम्प्रदायिक दंगों के कई महीनों बाद हुई थी। कलकत्ता के दंगों में भी हजारों लोगों की मौत हुई थी। झरना चौधरी बताती हैं, "हालात सामान्य होने के बाद हम नोआखाली वापस लौट आए थे, लेकिन दंगों का हमारे जहन पर गहरा असर हुआ था।" नोआखाली में हुआ यह नरसंहार उपमहाद्वीप में ब्रितानी शासन के खत्म होने के एक साल पहले हुआ था। जिस दौरान गांधी नोआखाली की मुहिम पर थे, उस दौरान शिकागो डेली के दक्षिण एशिया संवाददाता फिलिप्स टैलबोट ने नोआखाली की यात्रा की थी और लिखा था, "यह निश्चय ही एक तीर्थ-स्थल है। यहाँ वह हिंदुस्तानी है और संतत्व का दुनिया का विचार, एक छोटा-सा बूढ़ा आदमी, जिसने अपना सारा निजी असबाब त्याग दिया है और वह महान मानव आदर्श की खोज में नंगे पाँव ठंडी जमीन पर चल रहा है।"

एक देश का बँटबारा

इतिहासकार जोया चटर्जी का कहना है कि 1932 के बाद बंगाल के हिंदू-मुसलमानों का टकराव बढ़ता गया जो विभाजन की भूमिका तैयार करने लगा। दरअसल, 1905 में धर्म के आधार पर बंगाल का विभाजन करके अंग्रेजों ने विभाजन की नींव तैयार कर दी थी।

इतिहासकार फ्रांसिस रॉबिनसन और वेंकट धुलिपाला ने लिखा है कि 'यूपी के खानदानी मुसलमान रईस और जमींदार समाज में अपनी हैसियत को हमेशा के लिए बनाए रखना चाहते थे' और उन्हें लगता था कि हिंदू भारत में उनका पुराना रुतबा नहीं रह जाएगा। जिन्ना की मुस्लिम लीग ने अपनी राजनीति चमकाने के लिए इस सोच का पूरा फायदा उठाया।

समाजवादी नेता राममनोहर लोहिया ने अपनी किताब 'गिल्टी मेन ऑफ पार्टिशन' में लिखा है कि कई बड़े कांग्रेसी नेता, जिनमें नेहरू भी शामिल थे, वे सत्ता के भूखे थे जिनकी वजह से बँटवारा हुआ।

आजादी की हम सबने कीमत चुकाई है। हम सबकी तरह गौतम बुद्ध नगर ने भी। विदेशी हमलों के विरुद्ध और खुद के स्वाभिमान की पूँजी के लिए हर हालत में बिना आत्मसमर्पण किए अपनी मानवीयता और गरिमा बचाने की कोशिश यहाँ कभी चुकती दिखाई नहीं देती। कह सकते हैं कि हर जीवन ने जुर्माना भरा था।

संदर्भ-ग्रंथ

1. गांधी : एन इलेस्ट्रेटेड बायोग्राफी, लेखक—प्रमोद कपूर, प्रकाशक—लस्टर।
2. डिस्कवरी ऑफ इंडिया, लेखक—जवाहरलाल नेहरू।
3. नेहरू : द मेकिंग ऑफ इंडिया, लेखक—एम.जे. अकबर।
4. बंगलादेश में महात्मा गांधी की स्थायी विरासत—अनबरासन इथिराजन, बीबीसी न्यूज।

अध्याय : 7

खुद को कभी हारा नहीं हमने

हम आजादी के संघर्षों की बात कर रहे हैं, लेकिन आज अपना देश आजाद है। दूसरे जिलों और दूसरे प्रांतों के निवासियों की तरह गौतम बुद्ध नगर के लोग भी एक आजाद देश के नागरिक हैं, आगे बढ़ने की होड़ में हैं और आधुनिक हैं। हम यह भी देखते हैं कि अक्सर भारतीय आधुनिकता विश्वव्यापी पश्चिमीकरण को हिसाब में लेती है, मगर वह अपने ढंग से भारतीय और आधुनिक दोनों है। हम भारतीय परंपरा का आधुनिक पुनराविष्कार करना जानते हैं। जिंदगी में प्रयोगशीलता बहुत है, मगर उसकी कितनी प्रासंगिकता है, इस पर बहस लगातार बची हुई रहती है। आज जीवन की विविधता के बरक्स भाषा की कुछ स्पष्ट सीमाएँ हैं। ये सीमाएँ कल भी थीं और आगे भी रहेंगी। इन सीमाओं के बावजूद इतिहास कभी यह चेष्टा करने से नहीं चूकता है कि पूरा का पूरा जीवन, पूरा का पूरा समाज, सारी की सारी घटनाएँ किसी न किसी तरह उसमें आ जाएँ। सदियों से साधारण जन ही देश की रक्षा करते आए हैं। इस देश की आजादी की लड़ाई में शरीक लाखों लोगों में से ज्यादातर लोग साधारण जन ही थे। वे अपने काम से बड़े हुए। जो बड़े घरानों के लोग थे, उनके काम ने उन्हें महान बनाया। आजादी की लड़ाई में ऐसे लोग भी थे, जो क्रांतिकारियों की असफलता पर हँस रहे थे, लेकिन लड़ाई में शरीक देश के लाखों लोग जानते थे कि आजादी क्यों जरूरी है। गरीबी, अभाव और भटकाव की जिंदगी जीते हुए वे जब किसी अंग्रेज अधिकारी की शानो-शौकत को देखते थे तो उनके दिल में दर्द का उठना स्वाभाविक था।

उस वक्त भारत की धरती पर जहाँ लाखों लोग भूखे सोते थे, तब अंग्रेज अधिकारियों की शानो-शौकत के किस्से सुर्खियाँ बनते थे। 1770 के दशक में एक अंग्रेज अधिकारी की दिनचर्या का वर्णन करते हुए विलियम मैकिनटॉश अपनी किताब 'इंडियन रिवेंज' में लिखते हैं, "करीब 7 बजे सुबह उनका दरबान गेट खोलता है और फिर चपरासियों, हरकारों, चोबदारों, हुक्काबरदारों और खानसामों की आवाजाही शुरू हो जाती है। ठीक 8

बजे जमादार उनके कमरे में दाखिल होता है। जैसे ही साहब अपनी पलंग छोड़ते हैं, उनको सिर झुका कर तीन बार सलाम करनेवालों की लाइन लग जाती है। आधा घंटे बाद नौकर ही उन्हें साफ कमीज, ब्रीचेस और स्टॉकिंग पहनाते हैं। थोड़ी देर में नाई आ जाता है, जो उनकी हजामत बनाता है, नाखून काटता है और कान साफ करता है। फिर जब साहब नाश्ते की मेज पर अपनी वेस्टकोट पहनने पहुँचते हैं तो खानसामा उनके प्याले में चाय डालता है और उन्हें टोस्ट सर्व करता है। रात को साहब जब अपने बेडरूम में जाते हैं तो मनोरंजन करने के लिए एक महिला वहाँ भेजी जाती है, जो रात भर उनके साथ रहती है।"

लेखक प्राण नेविल ने भी अपनी किताब 'साहिब्स इंडिया : विग्नेट्स फ्रॉम द राज' में अंग्रेज अफसरों की विलासी जीवन-शैली के बारे में विस्तार से लिखा है, "सन 1840 ई. में विलियम टेलर ने एक चित्र बनाया था, जिसमें एक ब्रिटिश साहब को अपनी टॉयलेट सीट पर बैठे दिखाया गया था। एक नाई सीट के पीछे खड़े होकर उसके बाल बना रहा है। एक दाढ़ीवाला खानसामा हाथ में चाय की प्याली लिये खड़ा है। एक दूसरा नौकर उन्हें आईना दिखा रहा है और एक आदमी जमीन पर उकड़ू बैठकर उनका बायाँ पैर दबा रहा है, जबकि एक दूसरा नौकर उन्हें हाथों से पंखा झल रहा है।"

एक तरफ इस तरह विलासितापूर्ण जिंदगी और दूसरी तरफ भुखमरी। अपनी मेहनत पर दूसरों को जश्न करते देख आजादी की चाह तो स्वाभाविक थी। इस चाह पर जो लोग हँस रहे थे, उनका भी हिसाब समय और इतिहास ने चुकता किया। फिर भी पूरे देश में ऐसे करोड़ों लोग थे, जो अपनी आजादी के लिए उस समय रो रहे थे। उनमें ढेर सारे लोगों की अनदेखी-अनसुनी भी हुई। फिर भी एक उम्मीद थी और उस उम्मीद के कई चेहरे थे। उन चेहरों में से कई चेहरे तो तब के गौतम बुद्ध नगर से भी थे।

एक कहानी दरियाव सिंह की

सन् 1857 ई. के स्वतंत्रता संग्राम के महानायकों में से एक दरियाव सिंह गुर्जर के डर से अंग्रेज उनके इलाके में नहीं आते थे। ये नागर (नांगडी) गोत्र के वीर गुर्जर थे। इनका जन्म दनकौर के निकट ग्राम जुनेदपुर में हुआ था, जो अब वर्तमान में ग्रेटर नोएडा क्षेत्र में आता है। जब 10 मई को मेरठ से 1857 की जनक्रांति की शुरुआत कोतवाल धन सिंह गुर्जर द्वारा हो चुकी थी, तब दरियाव सिंह और उनके नेतृत्व में ग्रामीण क्रांतिकारियों ने अंग्रेजी हुकूमत के छक्के छुड़ा दिए थे। दरियाव सिंह ने अपने आस-पास के कई सौ ग्रामीणों को प्रेरित किया। इनके नेतृत्व में आस-पास के ग्रामीणों और गुर्जरों ने

अंग्रेजी सेना से लगातार कई दिन तक युद्ध किया था। दरियाव सिंह और उनकी क्रांतिकारी सेना ने अंग्रेजों को काफी नुकसान पहुँचाया था, लेकिन दरियाव सिंह समेत पाँच वीर गुर्जर पकड़े गए थे। इनके गाँव जुनैदपुर के ठीक सामने कई अंग्रेजों की कोठियाँ और चौकियाँ थीं, जिनके अंश आज भी मौजूद हैं। बुलंदशहर के काले आम की खूनी दास्तान को कौन नहीं जानता? वहाँ ढेर सारे क्रांतिकारियों को अंग्रेजों ने फाँसी पर लटकाया था।

पाँच पराक्रमियों की कहानी

वे संख्या में सिर्फ पाँच थे, लेकिन अंग्रेजों की नींद हराम करने के लिए काफी थे। उनमें पहला नाम तो दरियाव सिंह गुर्जर का ही है, लेकिन बाकी चार भी अपने देश को अंग्रेजों के शासन से मुक्ति दिलाने के लिए कुछ भी करने को तैयार थे। इतिहास में पता नहीं उन पाँच पराक्रमियों को सही जगह क्यों नहीं मिली, लेकिन इलाका आज भी उनको नहीं भूला है। एक कृतज्ञ समाज भूल भी कैसे सकता है!

जब जुनेदपुर गाँव के दरियाव सिंह गुर्जर अंग्रेजों के दाँत खट्टे कर रहे थे, तब अब के गौतम बुद्ध नगर के जेवर इलाके के इंदर सिंह और नत्था सिंह, गुनपुरा के रायबख्श सिंह और राजपुर के सुरजीत सिंह अपना पराक्रम दिखा रहे थे। उनकी वीरता की गाथाएँ आज भी इलाके के लोग सुनाते हैं। अब उनकी कथाओं में कितनी सच्चाई है, इस पर बहस की गुंजाइश तो है, लेकिन एक सच तो यह भी है कि लोक अपने नायकों को हमेशा सर-आँखों पर बिठाता रहा है, इसलिए प्रशंसा में हमेशा कुछ ज्यादा भाव नजर आते हैं, लेकिन अतिरंजना का अपना एक 'इतिहास सुख' है।

जुनेदपुर गाँव के सुनील प्रधान कहते हैं, "इन पाँचों के डर से अंग्रेजों ने इलाके में आना बंद कर दिया था। ये वीर योद्धा कभी-कभी अंग्रेजों को पकड़कर गाँव में भी ले आते थे, जिनसे बाद में हल भी चलवाते थे। इस कारण अंग्रेज दोबारा उन रास्तों से नहीं गुजरते थे। जुनेदपुर गाँव के नजदीक आज भी अंग्रेजों की कोठियाँ जीर्ण-शीर्ण हालत में दिखती हैं, जिनमें अंग्रेज अधिकारी रहते थे। पाँचों वीर योद्धाओं के रिकॉर्ड सरकारी दस्तावेजों में दर्ज हैं। उन्हें पता था कि अंजाम क्या होगा?" इन वीर योद्धाओं की गाथाएँ सुनाते हुए सुनील प्रधान वीर रस में डूबते प्रतीत होते हैं, "उन पाँचों महारथियों को 14 मई, 1857 को बुलंदशहर के काला आम पर फाँसी दी गई थी, जिनके साथ दादरी समेत विभिन्न राज्यों के करीब 87 क्रांतिकारियों को अंग्रेजों ने फाँसी पर लटकाया था। फाँसी पर लटकने से पहले उनके चेहरों पर मौत का कोई खौफ तक नहीं था।"

इसी इलाके के प्रेम नागर को अफसोस है कि उनके आजादी के नायकों को सरकार से वह सम्मान नहीं मिला, जिसके वे हकदार थे।

और थे मजलिस जमींदार

मजलिस जमींदार का जन्म सन् 1782 ई. में दादरी (गौतम बुद्ध नगर) में गुर्जर परिवार में हुआ था। उनका पूरा नाम मजलिस भाटी था। वे राजा उमराव सिंह गुर्जर के क्रांतिकारी साथी थे। मजलिस जमींदार सन् 1857 ई. की क्रांति में आग की तरह धधके थे। उन्होंने राजा उमराव सिंह के साथ अंग्रेजों को तबाह करने की कसमें खाई थीं। 10 मई को मेरठ में 1857 की जनक्रांति की शुरुआत कोतवाल धन सिंह गुर्जर द्वारा हो चुकी थी, जिसकी लपटें दादरी, सिकंदराबाद और बुलंदशहर तक पहुँच चुकी थीं। 12 मई, 1857 को राजा उमराव सिंह गुर्जर के साथ मजलिस जमींदार और उनके 84 साथियों ने सिकंदराबाद तहसील पर धावा बोल दिया था और सरकारी खजाने को अपने कब्जे में ले लिया था। अंग्रेजों को सूचना मिली तो सेना सिकंदराबाद आ पहुँची। सात दिन तक क्रांतिकारी सेना, अंग्रेजी सेना से टक्कर लेती रही। 19 मई, 1857 को वीर क्रांतिकारी सेना को अंग्रेजी सेना के सामने हथियार डालने पड़े और 46 वीर क्रांतिकरियों को गिरफ्तार कर बंदी बना लिया गया। 21 मई, 1857 को उमराव गुर्जर अपने दल के साथ बुलंदशहर पहुँचे और जिला कारागार पर धावा बोल कर अपने सभी क्रांतिकारी साथियों को छुड़ा लिया। बुलंदशहर से अंग्रेजी शासन समाप्त होने के आसार लगने लगे, लेकिन फिर एक बार अंग्रेजी सेना के आ जाने के कारण ऐसा नहीं हो पाया। फिर गाजियाबाद जिले के हिंडन नदी के तट पर एक ऐतिहासिक युद्ध हुआ। भारी हानि के बाद क्रांतिकारी सेना ने अपनी हार स्वीकार कर ली। उमराव सिंह गुर्जर, मजलिस जमींदार समेत 84 क्रांतिकारियों को गिरफ्तार कर लिया गया और बुलंदशहर के काला आम चौक पर फाँसी पर लटका दिया गया।

उन शहीदों की सूची में थे—

हिम्मत सिंह (गाँव रानौली)
झंडू जमींदार, सहाब सिंह (नंगला नैनसुख)
हरदेव सिंह, रूपराम (बील)

फत्ता नम्बरदार (चिटहरा)

हरदयाल सिंह गहलोत, दीदार सिंह (नगला समाना)

राम सहाय (खगुआ बास)

नवल, हिम्मत जमींदार (पैमपुर)

कदम गुर्जर (प्रेमपुर)

कल्लू जमींदार (चीती)

करीम बख्शखांन (तिलबेगमपुर)

जबता खान (मुंडसे)

मैदा बस्ती (सांवली)

इंद्र सिंह, भोलू गुर्जर (मसौता)

मुल्की गुर्जर (ह्रदयपुर)

मुगनी गुर्जर (सैंथली)

बंसी जमींदार (नगला चमरू)

देवी सिंह जमींदार (मेहसे)

दानसहाय (देवटा)

बस्ती जमींदार (गिरधरपुर)

फूल सिंह गहलोत (पारसेह)

अहमान गुर्जर (बढ़पुरा)

दरियाव सिंह (जुनेदपुर) और

इंद्र सिंह (अट्टा)।

तब के गौतम बुद्ध नगर इलाके के उन महान शहीदों की परंपरा में कुछ नाम ऐसे भी हैं, जिनकी जान लेने में अंग्रेजों ने हैवानियत की हद भी पार कर दी थी। उन नामों में शहीद हरदयाल सिंह रौसा, रामदयाल सिंह, निर्मल सिंह (सरकपुर), तोता सिंह कसाना (महमूदपुर लोनी), बिशन सिंह (बिशनपुरा) इत्यादि प्रमुख हैं।

चवन्नी सदस्य भाटी

मजलिस जमींदार अपने पीछे देशभक्ति की एक आदर्श विरासत छोड़ गए थे। उनके क्रांतिकारी बेटे का नाम नथुआ सिंह भाटी था। नथुआ सिंह भाटी के बेटे का नाम भिक्की

सिंह भाटी था। वे भी एक क्रांतिकारी थे और उन्हें कई बार आजादी की लड़ाई के दौर में जेल जाना पड़ा था, यातनाएँ झेलनी पड़ी थीं। वे नमक आंदोलन में सक्रिय थे और आजाद हिंद फौज के वीर सैनिक थे। वे इलाके की हर उस गतिविधि में शरीक होते थे, जो अंग्रेजों के खिलाफ होती थी। अपने समय में वे जिले में कांग्रेस के चवन्नी सदस्य थे, जिसे काफी गौरवपूर्ण माना जाता था।

और बात ठाकुर केवल सिंह की

दनकौर ब्लॉक एरिया के मिर्जापुर गाँव के रहनेवाले स्वतंत्रता सेनानी ठाकुर केवल सिंह ने भी देश को आजाद कराने के लिए अंग्रेजों से लोहा लिया था। उनकी वीरता और देशभक्ति की गाथा आज भी पूरे इलाके में सुनने को मिलती है।

ठाकुर केवल सिंह का जन्म 15 अगस्त, 1897 को हुआ था। उनका परिवार आज भी दनकौर कस्बे में रहता है। उनके बेटे नरेन्द्र भाटी बताते हैं कि उनके पिता 15 साल की उम्र से ही देश को अंग्रेजों से आजाद कराने में जुट गए थे। जब महात्मा गांधी ने सन् 1935 ई. में नमक कानून के खिलाफ आंदोलन चलाया था, तब उसमें केवल सिंह भी शरीक हुए थे। एक बार वे सन् 1935 ई. में इलाके के पारसौल गाँव में एक सभा करके लोगों को अंग्रेजों के जुल्म के खिलाफ हल्ला बोलने के लिए कह रहे थे, जिसकी सूचना अंग्रेजी सेना को लग गई थी। उनको गिरफ्तार कर लिया गया था, जिसके चलते इलाके के कई सौ महिला-पुरुष एकत्रित होकर उनके पीछे गिरफ्तारी देने के लिए चल दिए थे। 9 अगस्त, 1942 को 'अंग्रेजो! भारत छोड़ो' आंदोलन में शरीक होने के आरोप में भी उनको जेल भेजा गया था। सन् 1946 ई. में उनको गिरफ्तार किया गया था।

नरेन्द्र भाटी बताते हैं, "उनके पिता ने अंग्रेजों के जुल्म से परेशान होकर इलाके में नौजवानों की एक सेना बनाई थी। उस सेना ने इलाके के बिलासपुर कस्बे में बनी अंग्रेजों की नील की कोठी से नील चुरा कर उसको रास्तों पर फेंक कर विरोध प्रदर्शन किया था, जिसके आरोप में भी उनको जेल जाना पड़ा था।" उनकी मौत दिसंबर 1997 में तब हो गई थी, जब वह 100 साल की अपनी उम्र पूरी कर चुके थे।

स्वतंत्रता सेनानी ठाकुर केवल सिंह के दादा ठाकुर हरदयाल सिंह भी एक सच्चे देशभक्त थे। वे भी हमेशा अंग्रेजों का विरोध रहते थे। उनका 1857 की क्रांति में भी अहम योगदान था, जिसकी वजह से उनको अंग्रेजों ने काला पानी की सजा के तहत अंडमान निकोबार भेज दिया था। वहीं उनकी मौत भी हो गई थी।

कहते हैं, अंग्रेजों ने उनको कई बार माफी माँगने के लिए कहा था। अगर वह ऐसा करते तो उन्हें सजा से मुक्त कर दिया जाता, लेकिन उन्होंने ऐसा नहीं किया। तब भी नहीं, जब अपने पिता के अंतिम संस्कार में उनकी जरूरत थी।

करन सिंह, ताले सिंह और नन्दू

दनकौर के मिर्जापुर गाँव से स्वतंत्रता आंदोलन में भाग लेनेवाले केवल सिंह अकेले नहीं थे। उन्होंने अपने हमउम्र कई साथियों को अंग्रेजों से लड़ने के लिए प्रेरित किया था। इसमें उनके साथी करन सिंह, ताले सिंह और नन्दू के नाम गर्व से लिए जाते हैं। गाँव के जानकार बताते हैं कि करन सिंह आंदोलनकारियों के बीच गुप्त सूचनाएँ भेजने का काम करते थे। ताले सिंह और नन्दू आंदोलनकारियों को खाना पहुँचाने का काम करते थे। उनके इलाके में अंग्रेजों के खिलाफ जब आंदोलनकारी छिप कर कोई गुप्त योजना बना रहे होते थे तो उनके भोजन का प्रबंध ताले सिंह और नन्दू किया करते थे।

जसवन्त सिंह को भी कर लें याद

आज से दो साल पहले सन् 2020 ई. में स्वतंत्रता दिवस के अवसर पर आजाद हिंद फौज के सिपाही रहे जसवन्त सिंह को स्थानीय लोगों ने बड़े सौहार्दपूर्ण माहौल में याद किया था। वह ग्रेटर नोएडा के सलेमपुर गुर्जर गाँव के निवासी थे। एक समारोह में उनकी धर्मपत्नी जगमाली देवी को जब लोगों ने सम्मानित किया तो उस आत्मीय माहौल में वह भावुक हो उठीं। अपने पति के बारे में सिर्फ उन्होंने एक बात कही, "वे बहुत अच्छे थे।" चौधरी सुखबीर प्रधान शिक्षा समिति के संस्थापक जतन प्रधान कहते हैं, "जो अच्छे होंगे, वही देश की आजादी चाहेंगे।" उनके परिवार के सदस्य प्रदीप भाटी बताते हैं, "वह पाँच वर्ष ब्रिटिश जेल में रहे। अंग्रेजी हुकूमत की बहुत सारी प्रताड़नाएँ उन्होंने झेली थीं।"

आजाद हिंद फौज के सिपाही जसवन्त सिंह के बारे में बहुत अधिक जानकारी नहीं है, लेकिन लोगों के दिलों में उनकी यादें अमिट हैं। गौतम बुद्ध नगर में अक्सर आजादी की लड़ाई का इतिहास दस्तावेजों या स्मारकों के माध्यम से सामने नहीं आता। कई बार तो लगता है कि यहाँ एक नामहीन 'सुनसान' है, जहाँ बरसों से एक जंगल था। हाँ, जिंदगी में इतिहास की उपस्थिति का अहसास लोगों की अभिव्यक्तियों के माध्यम से तो होता ही है, उससे कहीं अधिक उन अंतर्ध्वनियों से होता है, जो अनेक तरह से, अनेक

बातों के माध्यम से लोक में गूँजती हैं। इन ध्वनियों से लोक इतिहास को अपनी परिधि में समेट लेती हैं। इसी अंतर्भूत ऐतिहासिक बोध से संभवत: यह साहसिक पहचान उभरती है कि गौतम बुद्ध नगर के पास संघर्ष, रहस्य, प्रयत्न, गोपनता, दीप्ति और धुँधलके की अनन्त निरंतरता है, जिसमें इतिहास अपने स्वाभिमान के साथ गूँजता रहता है।

गौतम बुद्ध नगर के वे स्वतंत्रता सेनानी, जिन्हें या जिनके आश्रितों को सरकार की ओर से पेंशन मिल रही है—

क्रम सं.	पेंशनर	पता	स्वयं/आश्रित
1.	श्री हरसरन सिंह	ई-138, सेक्टर 21, नोएडा	स्वयं
2.	श्रीमती भरतो देवी पत्नी स्व. मेहर चंद	ग्राम व पोस्ट चिटहरा, दादरी	आश्रित
3.	श्रीमती सरला देवी वाजपेई पत्नी स्व. श्री केशव प्रसाद	ई-326, सेक्टर 27, नोएडा	आश्रित
4.	श्रीमती सावित्री देवी वार्ष्णेय	बी-9, सेक्टर 12, नोएडा	स्वयं
5.	श्रीमती शांति माथुर पत्नी स्व. श्री गिरीश बिहारी माथुर	बी-13, वसुंधरा एनक्लेव, दिल्ली-96	आश्रित
6.	श्रीमती आनन्दी देवी पत्नी स्व. श्री जय राम	सेक्टर 39, सलारपुर, नोएडा	आश्रित
7.	श्रीमती शीला गुप्ता पत्नी स्व. श्री आर.एन. गुप्ता	पी-378, सेक्टर 21, नोएडा	आश्रित
8.	गोपी चंद	नगला उदय राम, नोएडा	स्वयं
9.	रामनाथ	हसनपुर लोढ़ा, दादरी, ग्रेटर नोएडा	स्वयं

संदर्भ-ग्रंथ

1. इंडियन रिवेंज, लेखक—विलियम मैकिनटॉश।
2. गजेटियर ऑफ मेरठ, संपादक—एच.आर. नेविल।
3. साहिब्स इंडिया : विग्नेट्स फ्रॉम द राज, लेखक—प्राण नेविल।

अध्याय : 8

थे धन्य जवान वो अपने

आजादी पाने की एक कीमत होती है तो पाई हुई आजादी को बचा पाने की भी एक कीमत होती है। एक बड़े लोकतंत्र में सवाल पूछना जरूरी हो जाता है। वह सवाल इतिहास से भी हो सकता है और वर्तमान से भी। लेकिन प्रश्न पूछना ही बंद हो गया है। अब हम इतिहास की गलतियों पर प्रश्न पूछना भूलते जा रहे हैं और वर्तमान के लिए हमारे पास कोई सवाल ही नहीं होते। तो क्या हम राजनीतिक रूप से चुकते चले जा रहे हैं?

इतिहास की गलतियों से हमने क्या सीखा? एक लोकतंत्र के लिए यह एक बेहद जरूरी सवाल है। क्या हम भूल गए हैं कि देश की रक्षा करते हुए हमारे कितने जवान शहीद हो गए। क्या हम भूल रहे हैं कि आतंकवाद ने हमारे देश में कितने मासूमों की जान ले ली है। आतंकवाद आज पूरे विश्व की एक समस्या बन चुका है और विश्व के सभी देश आतंकवाद और उग्रवाद की विभीषिका से मुक्ति तो पाना चाहते हैं, मगर अभी तक कोई उचित मार्ग नहीं मिल पाया है। भारत देश में आतंक का साया पिछले एक दशक से इतना विकराल रूप धारण कर चुका है कि अब देश का प्रत्येक नागरिक भयभीत-सा लगता है कि पता नहीं, कब कहाँ से गोली चले और लोगों की जान ले ले। कब और कहाँ बम विस्फोट हो जाए और अनेक बेगुनाह लोग मौत की गोद में सो जाएँ। फिर भी हमेशा ही कुछ लोग तो हैं ही, जो देश की हिफाजत में जुटे रहे और बहुतों ने अपनी कुर्बानी भी दी। देश की हिफाजत में मर-मिटनेवालों और देश की हिफाजत के लिए दिल से सोचनेवालों की कमी नहीं। देश के दूसरे जिलों की तरह ही गौतम बुद्ध नगर में तो यह बात दिखती ही है कि आजादी आम लोगों के दिलों में सुरक्षित है। वे आजादी के गीत गाते हैं। जन्म-दिन या पुण्य-तिथि के मौके पर आजादी के नायकों को याद करते हैं। उनकी जीवन-गाथा लोगों को सुनाते हैं। देशभक्ति की कविताएँ पढ़ते हैं।

ग्रेटर नोएडा के तिलापता गाँव के आशीष भाटी का ट्रांसपोर्ट का काम है। देश आजाद होने के 30 साल बाद उनका जन्म हुआ होगा। लेकिन देश की आजादी के किस्से वे पूरे दिन सुना सकते हैं और सुनाते भी रहते हैं। उनके दिल में एक कविता बसती है और वह कविता है कवयित्री सुभद्रा कुमारी चौहान की लिखी हुई—'जलियाँवाला बाग में बसंत'।

परिमल-हीन पराग दागसा बना पड़ा है,
हा! यह प्यारा बाग खून से सना पड़ा है।
ओ, प्रिय ऋतुराज! किंतु धीरे से आना,
यह है शोक-स्थान यहाँ मत शोर मचाना।
वायु चले, पर मंद चाल से उसे चलाना,
दुःख की आहें संग उड़ा कर मत ले जाना।
कोकिल गावें, किंतु राग रोने का गावें,
भ्रमर करें गुंजार कष्ट की कथा सुनावें।
लाना संग में पुष्प, न हों वे अधिक सजीले,
तो सुगन्ध भी मंद, ओस से कुछ-कुछ गीले।
किंतु न तुम उपहार भाव आ कर दिखलाना,
स्मृति में पूजा हेतु यहाँ थोड़े बिखराना।
कोमल बालक मरे यहाँ गोली खा कर,
कलियाँ उनके लिए गिराना थोड़ी ला कर।
आशाओं से भरे हृदय भी छिन्न हुए हैं,
अपने प्रिय परिवार देश से भिन्न हुए हैं।
कुछ कलियाँ अधखिली यहाँ इसलिए चढ़ाना,
कर के उनकी याद अश्रु के ओस बहाना।
तड़प-तड़प कर वृद्ध मरे हैं गोली खा कर,
शुष्क पुष्प कुछ वहाँ गिरा देना तुम जा कर।
यह सब करना, किंतु यहाँ मत शोर मचाना,
यह है शोक-स्थान बहुत धीरे से आना।

जघन्य जलियाँवाला कांड पर लिखी यह कविता ही क्यों? आशीष भाटी कहते हैं, "कुर्बानी को याद रखना बहुत जरूरी है। हमें ऐसे नहीं मिली थी आजादी।" एक

अन्य गीत आपको गौतम बुद्ध नगर के गाँवों में आयोजित समारोहों में किसी न किसी के द्वारा सुनने को मिल ही जाएगा। वह गीत आजाद हिंद फौज का प्रयाण गीत है, कदम-कदम बढ़ाये जा... इसकी रचना राम सिंह ठकुरि ने की थी। पूरा गीत इस प्रकार है—

कदम-कदम बढ़ाये जा
खुशी के गीत गाये जा
ये जिंदगी है कौम की
तू कौम पे लुटाये जा
तू शेर-ए-हिंद आगे बढ़
मरने से तू कभी न डर
उड़ा के दुश्मनों का सर
जोश-ए-वतन बढ़ाये जा
कदम-कदम बढ़ाये जा
खुशी के गीत गाये जा
ये जिंदगी है कौम की
तू कौम पे लुटाये जा
हिम्मत तेरी बढ़ती रहे
खुदा तेरी सुनता रहे
जो सामने तेरे खड़े
तू खाक में मिलाये जा
कदम-कदम बढ़ाये जा
खुशी के गीत गाये जा
ये जिंदगी है कौम की
तू कौम पे लुटाये जा
चलो दिल्ली पुकार के
गम-ए-निशां सँभाल के
लाल क़िले पे गाड़ के
लहराये जा लहराये जा
कदम-कदम बढ़ाये जा

खुशी के गीत गाये जा
ये जिंदगी है कौम की
तू कौम पे लुटाये जा

आजादी के माहौल को बरकरार रखने के लिए इन गीतों की बड़ी भूमिका रही है। बच्चे सुभद्रा कुमारी चौहान की एक अन्य कविता को बहुत पसंद करते हैं—'झाँसी की रानी'।

सिंहासन हिल उठे राजवंशों ने भृकुटी तानी थी,
बूढ़े भारत में भी आई फिर से नई जवानी थी,
गुमी हुई आजादी की कीमत सबने पहचानी थी,
दूर फिरंगी को करने की सबने मन में ठानी थी।
चमक उठी सन् सत्तावन में, वह तलवार पुरानी थी,
बुंदेले हरबोलों के मुँह हमने सुनी कहानी थी,
खूब लड़ी मर्दानी वह तो झाँसी वाली रानी थी॥
कानपूर के नाना की, मुँहबोली बहन छबीली थी,
लक्ष्मीबाई नाम, पिता की वह संतान अकेली थी,
नाना के संग पढ़ती थी वह, नाना के संग खेली थी,
बरछी, ढाल, कृपाण, कटारी उसकी यही सहेली थी।
वीर शिवाजी की गाथाएँ उसको याद जबानी थी,
बुंदेले हरबोलों के मुँह हमने सुनी कहानी थी,
खूब लड़ी मर्दानी वह तो झाँसी वाली रानी थी॥
लक्ष्मी थी या दुर्गा थी वह स्वयं वीरता की अवतार,
देख मराठे पुलकित होते उसकी तलवारों के वार,
नकली युद्ध-व्यूह की रचना और खेलना खूब शिकार,
सैन्य घेरना, दुर्ग तोड़ना ये थे उसके प्रिय खिलवाड़।
महाराष्ट्र-कुल-देवी उसकी भी आराध्य भवानी थी,
बुंदेले हरबोलों के मुँह हमने सुनी कहानी थी,
खूब लड़ी मर्दानी वह तो झाँसी वाली रानी थी॥

ऐसी कविताएँ लोगों को देश से जोड़ती हैं। बड़ों को बीते दिनों की याद दिलाती हैं। तभी तो 100 साल की उम्र पाकर इस धरती को विदा करनेवाले दनकौर

इलाके के मिर्जापुर गाँव के ठाकुर केवल सिंह रोजाना बापू के प्रिय भजन को जरूर गुनगुनाते थे—

वैष्णव जन तो तेने कहिये जे, पीड़ पराई जाने रे।
पर दुख्खे उपकार करे तोये, मन अभिमान न आने रे।
सकल लोक मान सहने वन्दे, निन्दा न करे केनी रे।
वाच काछ मन निश्छल राखे, धन-धन जननी तेनी रे।
सम दृष्टि ने तृष्णा त्यागी, परस्त्री जेने मात रे।
जिव्हा थकी असत्य न बोले, पर धन नव झाली हाथ रे।
मोह माया व्यापे नहीं जेने, दृढ़ वैराग्य जेना मन मान रे।
राम नाम शून ताली लागी, सकल तीरथ तेना तन मान रे।
वन लोभी ने कपट रहित छे, काम क्रोध निवार्य रे।
भने नरसय्यो तेनुं दर्शन करत, कुल एकोतेर तार्य रे।

इस भजन की रचना 15वीं शताब्दी के संत नरसी मेहता ने की थी। यह गुजराती भाषा में है। महात्मा गांधी की नित्य प्रार्थना में यह भजन भी सम्मिलित था। इस भजन में वैष्णव जनों के लिए उत्तम आदर्श और वृत्ति क्या हो, इसका वर्णन है। आजादी एक अन्य गीत के जरिये इस इलाके के लोगों के दिलों में बसती और गुनगुनाती है। महान गीतकार प्रदीप के उस गीत को गाया है लता मंगेशकर ने और धुन बनाई थी सी. रामचंद्र ने।

ऐ मेरे वतन के लोगों
तुम खूब लगा लो नारा
ये शुभ दिन है हम सबका
लहरा लो तिरंगा प्यारा

पर मत भूलो सीमा पर
वीरों ने है प्राण गवाएं
कुछ याद उन्हें भी कर लो
कुछ याद उन्हें भी कर लो ओ

जो लौट के घर ना आये
जो लौट के घर ना आये

ऐ मेरे वतन के लोगों
ज़रा आँख में भर लो पानी
जो शहीद हुए हैं उनकी
ज़रा याद करो क़ुरबानी

ऐ मेरे वतन के लोगों
ज़रा आँख में भर लो पानी
जो शहीद हुए हैं उनकी
ज़रा याद करो क़ुरबानी

तुम भूल ना जाओ उनको
इसलिए सुनो ये कहानी
जो शहीद हुए हैं उनकी
ज़रा याद करो क़ुरबानी

जब घायल हुआ हिमालय
खतरे में पड़ी आज़ादी
जब तक थी साँस लड़े वो
जब तक थी साँस लड़े वो
फिर अपनी लाश बिछा दी

संगीन पे धर कर माथा
सो गये अमर बलीदानी
जो शहीद हुए हैं उनकी
ज़रा याद करो क़ुरबानी

जब देश में थी दीवाली
वो खेल रहे थे होली
जब हम बैठें थे घरों में
जब हम बैठें थे घरों में
वो झेल रहे थे गोली

थे धन्य जवान वो अपने
थी धन्य वो उनकी जवानी
जो शहीद हुए हैं उनकी
ज़रा याद करो क़ुरबानी

कोई सिख कोई जाट मराठा
कोई सिख कोई जाट मराठा
कोई गुरखा कोई मदरासी
कोई गुरखा कोई मदरासी

सरहद पर मरनेवा..ला
सरहद पर मरनेवाला
हर वीर था भारतवासी

जो खून गिरा पर्वत पर
वो खून था हिंदुस्तानी
जो शहीद हुए हैं उनकी
ज़रा याद करो क़ुरबानी

थी खून से लथ-पथ काया
फिर भी बन्दूक उठाके
दस-दस को एक ने मारा
फिर गिर गये होश गँवा के

जब अन्तसमय आया तो
जब अन्तसमय आया तो
केह गये के अब मरते हैं
खुश रेहना देश के प्यारों..
खुश रेहना देश के प्यारों
अब हम तो सफ़र करते हैं
अब हम तो सफ़र करते हैं

क्या लोग थे वो दीवाने
क्या लोग थे वो अभीमानी
जो शहीद हुए हैं उनकी
ज़रा याद करो क़ुरबानी

तुम भूल ना जाओ उनको
इसलीये कही ये कहानी
जो शहीद हुए हैं उनकी
ज़रा याद करो क़ुरबानी

जय हिन्द.. जय हिन्द..जय हिन्द की सेना
जय हिन्द.. जय हिन्द..जय हिन्द की सेना
जय हिन्द, जय हिन्द, जय हिन्द
जय हिन्द, जय हिन्द, जय हिन्द

सच यह है कि आजादी एक भाव है, जो दिल में बसता है। गौतम बुद्ध नगर के लोगों से बात करके देखें, तो आपको इस बात का अहसास शिद्दत से होगा कि आजादी को बचाने के लिए भी कुर्बानी की जरूरत होती है। बात होती है, गौतम बुद्ध नगर की दादरी तहसील के गाँव झनपट में रहनेवाले चाहत राम भाटी से। उनके पिता रिछपाल सिंह सेना में थे और 1971 के भारत-पाक युद्ध में शहीद हो गए थे। चाहत राम भाटी कहते हैं, "हम गौतम बुद्ध नगर में जन्म लेकर बहुत ही गर्व महसूस करते हैं। यह वीरों की भूमि रही है। यहाँ देशभक्ति सबसे ज्यादा है। पिता जी के शहीद होने के दो महीने बाद

मेरा जन्म हुआ था। आज भी पिता जी की फोटो देखता हूँ तो गर्व महसूस होता है। इसी सबको देखते हुए आज मैं एक जनसेवक हूँ। इस बहाने से जनता की सेवा करता हूँ और अपनी खेतीबाड़ी भी करता हूँ। फायर ग्रेनेडियर्स नामक रेजिमेंट में पिता जी की तैनाती थी। नोएडा बहुत अच्छा लगता है। ग्रेटर नोएडा भी काफी अच्छा लगता है। इसका परी चौक बहुत सुंदर है। हमारा सौभाग्य है कि हमने यहाँ जन्म लिया है। नोएडा के शहीद स्मारक जैसी जगहों पर मैं जाता रहा हूँ, बहुत अच्छा महसूस होता है। गौतम बुद्ध नगर के सभी शहीदों का नाम लिखा है वहाँ पर। माता जी को पेंशन मिलती है।"

अपने जिले को लेकर गर्व की भावना रवींद्र सिंह भाटी में भी दिखती है। वे गौतम बुद्ध नगर के लुहारली गाँव के रहनेवाले हैं। उनके पिता तेजपाल सिंह 1962 के भारत-चीन युद्ध में शहीद हो गए थे। रवींद्र सिंह भाटी बातचीत के क्रम में कहते हैं, "मैंने ऐसे परिवार में जन्म लिया है, जिसके बड़े-बूढ़े देश के लिए शहीद हो गए। इसलिए हम इस पर बहुत ही गौरवान्वित होते हैं और अपना सौभाग्य समझते हैं। पिता जी जब शहीद हुए, उस समय मैं माँ के पेट में था। पिता जी हमें कैसे रखते, कैसे नहीं, इस चीज की तो बस कल्पना ही की जा सकती है। कमी तो उनकी आज भी महसूस होती ही है। शहीद दिवस के अवसर पर नोएडा में जब कार्यक्रम का आयोजन किया जाता है तो हम लोग वहाँ जाते हैं। बहुत सम्मान और खुशी मिलती है। वहाँ बड़ा प्यार मिलता है और आगे होनेवाले कार्यक्रमों के लिए बुलाया भी जाता है। पिता जी के शहीद होने के बाद ताऊ जी वगैरह सेना में गए थे, लेकिन दादी ने उन्हें वापस बुला लिया था।"

देशभक्ति जोश भरती है। गाँव दादूपुर के जगजीत सिंह भाटी के पिता रामबीर सिंह 1971 के भारत-पाक युद्ध में शहीद हो गए थे। जब पिता शहीद हुए तो जगजीत सिंह भाटी का जन्म भी नहीं हुआ था। वह बताते हैं, "उस समय परिवार के पास साधन बहुत सीमित थे। हम बहुत अच्छे घर से नहीं थे। जिस परिवार में जन्म लिया और रहन-सहन किया, वह परिवार छोटा था। हालाँकि पिता जी तीन भाई थे। 1971 के भारत-पाकिस्तान युद्ध में वह 19 दिसंबर को शहीद हुए और मेरा जन्म 3 महीने बाद 6 मार्च, 1972 को हुआ। जब मैं छह-सात साल का था, तब मैं इस बात को समझ पाया। गौतम बुद्ध नगर पूरे हिंदुस्तान का दिल है। यहाँ जन्म लेकर बहुत अच्छा लगता है। हमारा गाँव दादरी तहसील में आता है। हमें तो पूरा नोएडा ही पसंद है। माता जी को पेंशन मिलती है।"

देश के लिए जिले में शहीद होनेवाले सैनिकों की संख्या गौतम बुद्ध नगर में कम नहीं। यह जिला इन शहीद महानायकों पर गर्व भी करता है, तभी तो यहाँ का शहीद स्मारक इन्हें सम्मान के साथ याद करता रहता है। नोएडा का शहीद स्मारक देश का

पहला और शायद अकेला स्मारक है, जहाँ साल में दो बार श्रद्धांजलि समारोह होता है। सेक्टर 29 में आर्मी पब्लिक स्कूल के सामने बने नोएडा शहीद स्मारक के सामने से गुजरते वक्त हर किसी का सिर सम्मान और श्रद्धा से झुक जाता है। यह देश का पहला और इकलौता स्मारक है, जिसे सेना के तीनों अंगों के संयुक्त स्मारक के रूप में तैयार किया गया है। इस स्मारक का निर्माण शहर में बसे पूर्व सैनिकों ने करवाया था। अरुण विहार सहकारी आवास समिति के तत्कालीन चेयरमैन ब्रिगेडियर आर.बी. शर्मा के नेतृत्व में सितंबर 1998 में पहली बार स्मारक के निर्माण का विचार आया। इसके बाद यहाँ बसे रिटायर्ड फौजियों ने दिल्ली स्थित आर्मी हेडक्वार्टर में एडजुटेंट जनरल से मुलाकात कर सहयोग माँगा। आर्मी की इंजीनियरिंग ब्रांच के अनुरोध पर आर्किटेक्ट टी.वी.के. श्रीवास्तव ने स्मारक का नक्शा बनाया। इसी दौरान 1999 में कारगिल की जंग शुरू हो गई। इसमें पाकिस्तानी घुसपैठियों के खिलाफ अभूतपूर्व साहस दिखाते हुए सेक्टर 29 में रहनेवाले कैप्टन विजयंत थापर शहीद हो गए। उनकी अंतिम यात्रा में नोएडा के हजारों लोग सड़कों पर उमड़ पड़े। लोगों में देशभक्ति का जज्बा देख पूर्व सैनिकों को बल मिला। लेफ्टिनेंट जनरल (रिटायर्ड) गोरखनाथ और लेफ्टिनेंट जनरल (रिटायर्ड) जी.एल. बख्शी के नेतृत्व में पूर्व सैनिक, स्मारक की स्थापना के काम को आगे बढ़ाने में जुट गए। सबसे पहले शहर में बसे पूर्व सैनिकों से अनुरोध करके फंड जुटाया गया। इसके बाद शहर की समाजसेवी संस्थाओं से मदद ली गई। सेना की कई रेजिमेंटों ने भी स्मारक के निर्माण के लिए मदद की। इन संयुक्त प्रयासों से फरवरी 2002 में स्मारक का निर्माण पूरा हो गया। तीनों सेनाओं के अध्यक्षों ने नोएडा आकर देश के इस विरले शहीद स्मारक का उद्घाटन किया। इसी के साथ शहर में पूर्व सैनिकों को याद करने के लिए श्रद्धांजलि समारोह करने का सिलसिला शुरू हो गया। वर्तमान में इस स्मारक पर जिले के 38 शहीदों के नाम उकेरे गए हैं—

नाम/इकाई/युद्ध/शहीद वर्ष/पता

1. सिपाही लखमी चंद/राजपूत/भारत-चीन युद्ध 1962/ज्ञात नहीं/गाँव सुनपुरा, पोस्ट धूम, तहसील दादरी, गौतम बुद्ध नगर
2. एन.के. कुंदन/राजपूत/भारत-चीन युद्ध 1962/ज्ञात नहीं/डी-2/505/6, सोनिया विहार, नई दिल्ली
3. सिपाही तेजपाल सिंह/राजपूत/भारत-चीन युद्ध 1962/ज्ञात नहीं/गाँव लोहारली, पोस्ट लोहारली, गौतम बुद्ध नगर
4. सिपाही राजपाल सिंह/राजपूत/भारत-चीन युद्ध 1962/ज्ञात नहीं/गाँव सपनावत, पोस्ट सपनावत,

गौतम बुद्ध नगर

5. सिपाही रघुबर दयाल/राजपूत/भारत-चीन युद्ध 1962/ज्ञात नहीं/गाँव खेर, पोस्ट खेरी, गौतम बुद्ध नगर
6. हवलदार शिव राज/राजपूत/भारत-चीन युद्ध 1962/ज्ञात नहीं/गाँव चितहरा, पोस्ट दादरी, गौतम बुद्ध नगर
7. सिपाही बाबू राम/राजपूत/भारत-चीन युद्ध 1962/ज्ञात नहीं/गाँव मायचा, पोस्ट मायचा, गौतम बुद्ध नगर
8. सिपाही जगदीश चंद/राजपूत/भारत-चीन युद्ध 1962/ज्ञात नहीं/गाँव शाकीपुर, पोस्ट तिलपटा, तहसील दादरी, गौतम बुद्ध नगर
9. सिपाही राम करन/राजपूत/भारत-पाक युद्ध 1965/ज्ञात नहीं/गाँव पाली, पोस्ट पाली, गौतम बुद्ध नगर
10. रिछपाल सिंह/फायर ग्रेनेडियर्स/भारत-पाक युद्ध 1971/16 नवम्बर, 71/गाँव झनपट, पोस्ट पाली, तहसील दादरी, गौतम बुद्ध नगर
11. कैप्टन डी.एस. अहलावत/डोगरा/भारत-पाक युद्ध 1971/5-6 दिसंबर, 71
12. रामबीर सिंह/आर्टी/भारत-पाक युद्ध 1971/19 दिसंबर, 71/गाँव दादूपुर, पोस्ट खटाना, गौतम बुद्ध नगर
13. स्क्वाड्रन लीडर आई.एच. नकवी/आईएएफ/सियाचिन/27 सितंबर, 84
14. विनय कुमार भाटी/महार/ऑपरेशन पवन/27 फरवरी, 88/गाँव स्केनर, पोस्ट धूम मानिकपुर, गौतम बुद्ध नगर
15. कैप्टन प्रमोद जॉली/जाट/श्रीलंका/13 सितंबर, 88
16. हवलदार बेदपाल सिंह/आर्टी/ऑपरेशन मेघदूत/25 सितंबर, 88/गाँव समाउद्दीनपुर, पोस्ट मायचा, गौतम बुद्ध नगर
17. लेफ्टिनेंट कर्नल ए.के. छाबड़ा/पैरा/श्रीलंका/14 अक्तूबर, 89
18. मेजर जनरल सुदर्शन सिंह/पैरा/ऑपरेशन रक्षक/14 जुलाई, 90/गुरुग्राम, हरियाणा
19. ब्रिगेडियर बी.पी. सिंह/आर्टी/ऑपरेशन रक्षक/14 जुलाई, 90
20. ले.क. बी.आर. आनंद/इंट/ऑपरेशन रक्षक/14 जुलाई, 90/फ्लैट नं. 108, लल्लेश्वरी वाटिका, सेक्टर 21डी, फरीदाबाद, हरियाणा
21. सेकंड लेफ्टिनेंट एस. कुमार/आर्मर/खेमकरण/13 अक्टूबर, 90
22. मेजर ए. नौरियाल/इंफ/ऑपरेशन रक्षक/23 अक्टूबर, 90
23. कैप्टन साहिल शर्मा/आर्टी/सियाचिन/22 फरवरी, 95
24. कर्नल किशोरी लाल गुप्ता/इंफ/ऑपरेशन रक्षक/23 सितंबर, 95
25. कैप्टन शशिकांत शर्मा/आर्मर/सियाचिन/05 अक्टूबर, 98
26. कैप्टन विजयंत थापर/इंफ/कारगिल 1999/28-29 जून, 99
27. राम कुमार सिंह/आर्टी/कारगिल 1999/02 जुलाई, 99/ग्राम वैर, पोस्ट वैर, गौतम बुद्ध नगर

28. मेजर संजय सूद/इंफ/जम्मू-कश्मीर/22 जून, 2000
29. फ्लाइट लेफ्टिनेंट एम. त्रिखा/आईएएफ/सियाचिन/16 अगस्त, 02
30. मेजर उदय सिंह/पैरा/जम्मू-कश्मीर/29-30 नवंबर, 03
31. फ्लाइट लेफ्टिनेंट मयंक मयूर/आईएएफ/जम्मू-कश्मीर/02 अप्रैल, 04
32. कैप्टन अर्जुन सरदाना/आर्मी एवीएन/उत्तराखंड/29 अक्टूबर, 04
33. ले.क. पारस मेहरा/महार/ऑपरेशन हिफाजत/10 फरवरी, 07/एटीएस पैराडाइज, सीएच-4, ग्रेटर नोएडा, गौतम बुद्ध नगर
34. कैप्टन वरुण छिब्बर/सिग्स/ऑपरेशन रक्षक/02 फरवरी, 09
35. लेफ्टिनेंट कर्नल राहुल नायर/आईएन/---/03 मार्च, 10/बेंगलुरु
36. हवलदार किरण पाल सिंह/इंफ (2 जाट)/ऑपरेशन रक्षक/13 सितंबर, 12/ग्राम व पोस्ट धनन कलाँ, तहसील सदर, गौतम बुद्ध नगर
37. लेफ्टिनेंट कर्नल संतोष कुमार/इंफ/ऑपरेशन फाल्कन/21 नवम्बर, 12/गाजियाबाद
38. हवलदार जगवीर सिंह/सिग रेजीमेंट/ऑपरेशन हिफाजत/04 जून, 15/मुरादगिरी, जेवर, गौतम बुद्ध नगर

आजादी की कीमत हमेशा बड़ी होती है। हमें यह कतई नहीं भूलना चाहिए कि हमारी संस्कृति बहुत पुरानी मान्यताओं और मर्यादाओं पर आधारित है। हम भारतीय हैं, इसकी परिभाषा हमें पश्चिम की वैचारिक कसौटी पर नहीं, बल्कि अपने रहन-सहन, आचार-व्यवहार और आस्था या विश्वास के जरिये मिलनी चाहिए। हम अपने विश्वास या आस्था को अगर अपनी जमीन से अलग न करें तो शायद हम हमेशा अपने स्वाभिमान के स्वदेश में जी सकेंगे।

—देव प्रकाश चौधरी

चित्रावली

1. नोएडा का मुख्य द्वार

2. गौतम बुद्ध नगर का शहीद स्मारक-I

3. गौतम बुद्ध नगर का शहीद स्मारक-II

4. गौतम बुद्ध नगर का शहीद स्मारक-III

5. नोएडा का गौतम बुद्ध पार्क, जिसे दलित प्रेरणा स्थल के रूप में जाना जाता है।

6. नोएडा का दलित प्रेरणा स्थल, जो वास्तुकला का बेहतरीन नमूना है।

7. नोएडा गोल्फ कोर्स फोटो-I

7. नोएडा गोल्फ कोर्स फोटो-II

8. नोएडा के गोल्फ कोर्स में 200 साल पुराना वार मेमोरियल

9. गौतम बुद्ध नगर के ग्रेटर नोएडा में फार्मूला रेस के लिए ट्रैक फोटो-I

9. गौतम बुद्ध नगर के ग्रेटर नोएडा में फार्मूला रेस के लिए ट्रैक फोटो-II

9. गौतम बुद्ध नगर के ग्रेटर नोएडा में फार्मूला रेस के लिए ट्रैक फोटो-III

10. गौतम बुद्ध नगर के नोएडा का बॉटनिकल गार्डन परिसर फोटो-I

10. गौतम बुद्ध नगर के नोएडा का बॉटनिकल गार्डन परिसर फोटो-II

11. नोएडा का ओखला वर्ड सेंचुरी फोटो-I

11. नोएडा का ओखला वर्ड सेंचुरी फोटो-II

11. नोएडा का ओखला वर्ड सेंचुरी फोटो-III

11. नोएडा का ओखला वर्ड सेंचुरी फोटो-IV

12. गौतम बुद्ध नगर के बिसरख गाँव का वह स्थान, जिसके बारे में मान्यता है कि लंकेश रावण का यहीं जन्म हुआ था। अब एक मंदिर का रूप ले चुका है। (दो फोटो)

13. गौतम बुद्ध नगर के बिसरख गाँव में लंकेश रावण के मंदिर में स्थापित रावण की प्रतिमा

14. गौतम बुद्ध नगर के दनकौर स्थित द्रोण मंदिर फोटो-I

14. गौतम बुद्ध नगर के दनकौर स्थित द्रोण मंदिर फोटो-II

15. गौतम बुद्ध नगर के दनकौर का वह अखाड़ा, जिसे गुरू द्रोण से जुड़ा मानते हैं लोग।

16. गौतम बुद्ध नगर मे दनकौर के एकलब्य उद्यान में स्थापित एकलव्य की प्रतिमा

17. गौतम बुद्ध नगर का जिला और सत्र न्यायालय

18. गौतम बुद्ध नगर के दनकौर का प्रखंड कार्यालय

22. महान स्वतंत्रता सेनानी शहीद दरियाव सिंह की एक दुर्लभ तस्वीर

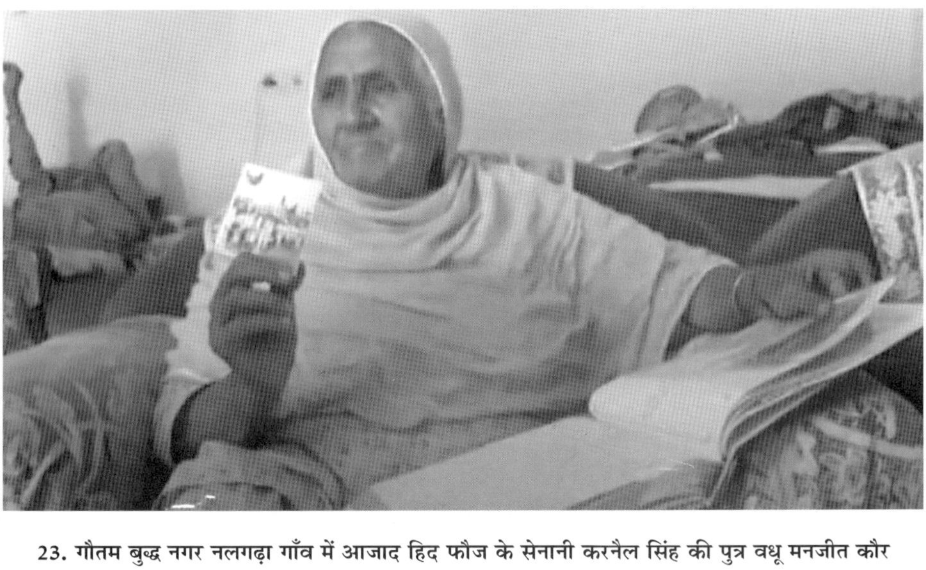

23. गौतम बुद्ध नगर नलगढ़ा गाँव में आजाद हिंद फौज के सेनानी करनैल सिंह की पुत्र वधू मनजीत कौर

24. नलगढ़ा गाँव के गुरुद्वारे के पास का वह पत्थर, जिसका प्रयोग महान शहीद भगत सिंह और उनके क्रांतिकारी साथियों ने बम बनाने के दौरान किया था। वह बम दिल्ली असेंबली में फेंका गया था।

केसरी.

25. आजादी के दौर में 'केसरी' अखबार का मुख्य पृष्ठ कुछ यूँ होता था।

26. गौतम बुद्ध नगर हरियाली और पानी फोटो-I

26. गौतम बुद्ध नगर हरियाली और पानी फोटो-II

27. प्रगति की राह पर गौतम बुद्ध नगर फोटो-I

27. प्रगति की राह पर गौतम बुद्ध नगर फोटो-II

27. प्रगति की राह पर गौतम बुद्ध नगर फोटो-III

28. गौतम बुद्ध की छांव में गौतम बुद्ध नगर

29. नोएडा (गौतम बुद्ध नगर) का इस्कॉन मंदिर फोटो-I

29. नोएडा (गौतम बुद्ध नगर) का इस्कॉन मंदिर फोटो-II

29. नोएडा (गौतम बुद्ध नगर) का इस्कॉन मंदिर फोटो-III